GOD ZAG DAT HET HEEL GOED WAS

-OVER HET THEISTISCH EVOLUTIONISME -

Michaël Dekee

Eerste uitgave 2020

Uitgeverij JEANNE D'ARC,

Brugge, België

Jeannedarcuitgeverij.com

Websites: Evolutietheorie-ontkracht.com

Cruxavespesunica.org

ISBN: 978-0-244-84136-2

D/2020/14.603/3

Inhoud

Inleiding

In november 2017 had ik een bijzondere droom. Ik bevond mij in een grote stad ergens in het buitenland, wellicht Amerika, en ik stond voor een groot nieuw winkelcentrum die ze over een straat hadden gebouwd. Op het trottoir stonden grote bewegwijzeringen met o.a. in het groot *'Missing Link'* met een pijl naar het museum waar dit was ondergebracht. Ze hadden zogezegd de overblijfselen gevonden van de "tussensoort" tussen de aap en de mens. Ik ging toen in het winkelcentrum binnen en zei toen tegen iemand die met mij mee was: "Ik haat dat gedoe met die zogezegde fossielen en die evolutie. Het Scheppingsverhaal dient letterlijk genomen te worden, anders mag je een streep trekken door je hele Bijbel en is Christus voor niets gestorven." Deze droom gaf aanleiding om mijn eerste boek over de evolutie te schrijven: "De evolutietheorie ontkracht", verschenen in 2018. Daarin toon ik op een wetenschappelijke manier de problemen voor de evolutietheorie, en geef ik mijn eigen getuigenis, en vertel ik over hoe God mij de onzin van evolutie heeft getoond toen ik aan de universiteit zat. Ik stond op het punt mijn diploma te halen, maar dat was kennelijk niet Gods wil, en Hij heeft mij tegengehouden. Tot op de dag van vandaag heb ik er geen seconde spijt van gehad. Ik heb het evolutionisme de rug toegekeerd, maar helaas zijn er zeer veel christenen die wel in evolutie geloven, en dit trachten te "verzoenen" met hun geloof. Dit wordt ook wel 'theïstisch evolutionisme' genoemd: dat is de Darwinistische evolutietheorie plus God. Wij zouden bijgevolg afstammen van de aap, maar het leven zou wel door God zijn gevormd, en sommige theïstische evolutionisten suggereren dat de evolutie dan door God zou zijn gestuurd. De aarde zou dan 4,6 miljard jaar oud zijn, en de dinosauriërs werden tevens door God gevormd, maar 60 miljoen jaar vóór het "ontstaan" van de mens weer uitgeroeid. Ik heb zelf meegemaakt hoe de professoren in de Gentse universiteit de spot dreven met God en de creationisten. Voor hen maakt evolutie met of zonder God weinig verschil uit: er is gewoon evolutie. En laat dat net de grote drijver zijn achter het atheïsme dat daar zo vaak werd gepromoot. "Evolutionistisch Godsgeloof" zoals men het kan noemen, maakt weinig indruk op niet-gelovigen; en bekeerlingen storen zich eraan dat bepaalden in de Kerk gedeelten van de Schrift niet als waar aannemen, maar als zijnde symbolisch opvatten en het met hun voormalige atheïstische zienswijzen trachten te “verzoenen”.

Dit boek zal, in tegenstelling tot mijn vorig boek, de evolutietheorie en voornamelijk het theïstisch evolutionisme kritisch benaderen vanuit de geloofshoek.

Hoofdstuk 1

De dwalingen van de Franse Jezuïet Pièrre Teilhard de Chardin

Heel wat hedendaagse christenen die het 'theïstisch evolutionisme' aanhangen, zijn tevens aanhangers van de geschriften en ideeën van de Franse Jezuïet, theoloog, paleontoloog en evolutionist Pièrre Teilhard de Chardin. Het was voornamelijk hij die het darwinisme ingang deed vinden in de Katholieke Kerk. De Chardin kent vandaag veel aanhangers, en velen zouden graag zijn 'rehabilitatie' zien. Een kort overzicht.

Pierre Teilhard de Chardin werd geboren in Zuid-Frankrijk op 1 mei 1881. Hij kreeg onderwijs aan het Jezuïetencollege van Mongre en hij trad in bij de Jezuïeten in 1899. Hij studeerde filosofie en ging naar het seminarie van 1901-1905. Vervolgens ging hij drie jaar naar Caïro, Egypte, waar hij in een Jezuïtische school onderwezen werd in de fysica en de chemie. Daar werd zijn interesse in paleontologie gewekt. In 1908 ging hij naar Engeland waar hij theologie studeerde, en hij werd priester gewijd in 1911. Vervolgens ging hij naar Parijs waar hij paleontologie studeerde, en in 1922 doctoreerde. Een korte periode doceerde hij aan het Katholiek Instituut in Parijs, maar zijn onorthodoxe standpunten, zeker zijn afwijzing van de Erfzonde, leidde tot zijn verbanning. Hij werd in 1923 verbannen naar China. In 1926 verbood zijn overste hem om nog les te geven. In 1933 beval Rome hem om zijn zetel in Parijs op te geven en verbande de Heilige Stoel zijn werk *"L'énergie Humaine"*. In 1941 diende de Chardin zijn werk *"Le Phénomène Humain"* in bij Rome, de publicatie ervan werd verboden. In 1947 verbood Rome hem ook om les te geven over filosofische onderwerpen. In 1948 werd hij in Rome op het matje geroepen, omdat hij bleef aandringen om toestemming te krijgen voor de publicatie van *"Le Phénomène Humain"*, maar de H. Stoel verbood het hem opnieuw en verbood hem nu ook om les te geven aan het College de France. In 1949 werd zijn verzoek om *"Le Groupe Zoologique"* te publiceren ook geweigerd. In 1955 verboden zijn oversten de Chardin om het Internationaal Congres over Paleontologie bij te wonen. Datzelfde jaar stierf hij in New York op Pasen.

Als een religieuze evolutionist, beweerde Teilhard foutief dat alles evolueert en "wordt" en dat God óók evolueert. Teilhard werd oorspronkelijk gecensureerd en verbannen door zijn Jezuïetenoversten in 1923 omwille van het in vraag stellen van de leer over de erfzonde en de eeuwige verdoemenis. In 1947, toen hij terugkeerde van zijn ballingschap in China, werd hij opnieuw gecensureerd door de H. Stoel. Paus Pius XII noemde zijn werk "een beerput van dwalingen." Echter, Teilhard begon zijn ideeën verder te verspreiden onder zijn Jezuïetische collega's aan het Franse theologaat La Fourvière in Lyon, door middel van ongetekende monografieën. Tegen het eind van de jaren 1950 werden zijn theorieën door de meeste, zo niet alle Jezuïeten geprezen, inclusief Karl Rahner, Hans Urs von Balthasar, Kardinaal Carlo Maria Martini, en in het bijzonder Henri de Lubac, die schreef: "We moeten ons niet bezorgd maken om een aantal lasteraars van Teilhard, in wie emotie intelligentie heeft afgestompt."

Terwijl Pièrre Teilhard de Chardin nog een Jezuïtische student was, werd hij lid van de exclusieve Count Begouenkring in Toulouse, waar het doel was: het propageren van Darwins theorie in Frankrijk en de theorie introduceren in de Katholieke seminaries van Europa. Hij werd één van de meest actieve propagandisten voor de evolutionisten. Hij was o.a. betrokken bij de ontdekking van de zogenaamde "Piltdown-mens" in Engeland en de "Peking-mens" in China. Pas na 40 jaar, in 1953, ontdekte men dat de schedel van de "Piltdown-mens" een vervalsing was. Omdat Teilhard, die tevens één van de verdachten was, wellicht wist wie de vervalser was, hield hij de lippen stijf op elkaar. De Peking-mens, waarvan de schedel trekken weg heeft van een hedendaagse aboriginal, was volgens hem een voorouder van de huidige mens, en de paar fossielen die Pièrre Teilhard de Chardin vond in China, waren volgens hem het sluitend bewijs dat Darwin gelijk had. Het merendeel van dat "fossiel bewijsmateriaal" is echter "per ongeluk" verloren gegaan.

Toen het Tweede Vaticaans Concilie in 1962 opende, had de Sociëteit van Jezus de Neo-scholastische theologie van Francisco Suarez in de steek gelaten, ten gunste van de Teilhardiaanse evolutionaire "kosmogenese." De reden voor Teilhards populariteit was zijn schijnbare oplossing voor de verschillen tussen religieuze waarheden zoals voorgesteld door de Katholieke Kerk, en wetenschappelijke "feiten" zoals voorgesteld door de Darwinistische evolutie. Het probleem was dat zijn oplossing noch wetenschappelijk, noch Katholiek was, een feit dat hij in een privaat gesprek toegaf aan zijn nicht Léontine Zanta in 1936:

"Wat in toenemende mate in mijn interesses de bovenhand heeft, is de poging om binnen mijzelf en rond mijzelf een nieuwe religie te definiëren en op te zetten, waar de persoonlijke God niet langer de grote monolitische eigenaar van het verleden is, om de Ziel van de Wereld te worden, waartoe het stadium die we religieus en cultureel bereikt hebben, ons toe oproept."

Deze voorgestelde synthese is niet "een nieuw en beter Christendom", maar eerder een ontkenning van het Katholiek Geloof, zoals weergegeven in de dogmatische constitutie van Vaticanum I, *Dei Filius* (24 april 1870):

Deus ... est re et essentia a mundo distinctus, in se et ex se beatissimus, et super omnia quae praeter ipsum sunt et concipi possunt, ineffabiliter excelsus. "God... moet verklaard worden als echt en essentieel te onderscheiden van de wereld, van opperste Zaligheid in en uit Zichzelf, en onuitsprekelijk verheven boven alle dingen die bestaan, of die denkbaar zijn, behalve Hemzelf."

Teilhard de Chardins "God, de ziel van de wereld", is identiek met de natuur en tengevolge daarvan onderworpen aan verandering, zoals Teilhard het uitlegt in zijn boek *'L'énergie humaine'*:

"Als een direct gevolg van het éénmakend proces waardoor God aan ons wordt geopenbaard, transformeert hij zichzelf op één of andere manier terwijl hij zich inbedt in ons. Ik zie in de Wereld een mysterieus product van vervolmaking en vervulling voor het Absolute Wezen zelf."

En, opnieuw:

"God evolueert via "complexificatie" en "convergentie" naar zijn eigen perfectie, ondergedompeld in materie... Men is onscheidbaar van de ander, men is nooit zonder de ander... Geen geest (zelfs niet God binnen de limieten van onze ervaring) bestaat, en zou niet structureel kunnen bestaan zonder een geassocieerd veelvoud, zoals een centrum niet kan bestaan zonder z'n cirkel of omtrek... In een concrete zin is er geen materie en geest, alles wat bestaat is materie die geest (God) wordt."

Dit komt neer op het door de Kerk veroordeelde pantheïsme, het geloof dat alle materie op één of andere manier "God" is. Men dient op te merken dat in Teilhards geschriften er amper gewag wordt gemaakt van puur geestelijke wezens of entiteiten binnen de bestaande kosmos. Er is virtueel geen enkele vermelding van engelen, demonen, geen Satan, geen St. Michaël, geen bewaarengelen, en er is amper vermelding van een bijzonder oordeel of het bestaan van de Hel. Teilhards God is niet meer of niet minder de "god" van het Pantheïsme zoals beschreven en verworpen door de H. Paus Pius IX in *Maxima Quidem*, op 9 juni 1862:

"Er bestaat geen Opperwezen, perfect in Zijn wijsheid, Zijn voorzienigheid en Zijn onderscheiding, alle dingen zijn God en hebben het wezen van God. God is dus hetzelfde als de wereld en daaruit volgt dat geest geïdentificeerd wordt met materie, noodzaak met vrijheid, waarheid met leugen, goed met kwaad en rechtvaardigheid met onrechtvaardigheid."

Teilhard, door zijn ontkenning van de erfzonde en de daaruit volgende nood voor verlossing, trachtte Christus in zijn pantheïsme te injecteren door hem de "Kosmische Christus" te noemen of "de Alfa" en de "Omega" van de openbaring. Christus is een uitstraling van God, van in het begin in materie ingebed, evoluerend, geboren in deze wereld; Hij stierf, verrees uit de doden en steeg op – niet naar de hemel, maar naar de "noösfeer", een spiritueel niveau die rond de aarde draait, waar alle geesten die in materie vervat zitten uiteindelijk zullen convergeren aan het "Omegapunt" waar Christus ons opwacht, en ons met "onvoorwaardelijke liefde" begeleidt. Aan het "Omegapunt" zullen wij, en de hele kosmos, tot het kleinste atoom "vergoddelijkt worden" en God zal "alles in allen zijn." Hij citeerde selectief uit 1 Korintiërs 15:28. Of dit "alles in allen" totaal spiritueel zal zijn, zoals in Boeddhisme of andere oosterse religies waar het gelijkenissen mee vertoont, of als het zal zijn, zoals anderen bevestigen, dat mensen die in de eindtijd in leven zijn "transmenselijk" zullen worden, gevuld met transformatieve kennis van de noösfeer (waarbij sommigen het internet vernoemen), is onduidelijk in Teilhards geschriften. Hij leert dat wij allemaal 'god' zullen worden, wat identiek is aan de leer van de heidense New-Agebeweging. Hij beweerde zelfs in 'Le Christique' dat Christus "gered" werd door evolutie:

"Christus redt. Maar moeten we ons niet haasten om eraan toe te voegen, dat ook Christus gered werd door evolutie?"

Voor de Chardin is het probleem van kwaad niet het gevolg van de kwaadaardigheid van engelen of mensen, maar een onvermijdelijk neveneffect van het evolutionair proces:

"In ons modern perspectief van een universum in een proces van kosmogenese, bestaat het probleem van kwaad niet langer."

Er is geen ruimte voor fouten of zonde, omdat alles onvermijdelijk evolueert richting het "Omegapunt". Voor Teilhard vormt het Mystiek Lichaam van Christus een "kosmisch centrum voor de mensheid en het hele materiële universum." Dit is echter een verkeerde interpretatie van een passage van St. Paulus in 1 Kor. 12:27, waar hij spreekt over het Mystiek Lichaam van Christus als de gedoopte Christelijke gemeenschap.

Voor Teilhard zijn alle religies een poging om deze ultieme transformatie te realiseren, geleid door de Kosmische Christus, die bezielt, liefheeft en ons allen opwacht aan het "Omegapunt." Hij ontkent de rol van de Kerk niet:

"De Katholieke Kerk moet echter niet gewoonweg ernaar streven om z'n primaatschap en autoriteit te bevestigen, maar om gewoonweg aanwezig te zijn in de wereld met de Universele Christus, Christus in menselijke-kosmische dimensie, als animator van evolutie."

Daarom zei hij ook:

"We moeten werken naar een oecumene die niet enkel open staat voor het Christendom, maar ook voor andere religies, omdat alle religies door innerlijke noodzaak convergeren in de Kosmische Christus en bestemd zijn om hun vervollediging te vinden in de éne Kerk van Christus."

Hiermee lijkt hij te doelen op een syncretische éne-wereldkerk of een éne-wereldreligie, waar alle religies op één lijn worden gesteld, en als gelijkwaardig worden geacht. Al wat bestaat is de voorwaartse beweging van de kosmos richting de eenheid in de "Kosmische Christus." Wij zijn allemaal aan het "evolueren" in 'goden' en het doet er volgens Teilhard de Chardin eigenlijk niet toe welke religie je volgt.

Opvallend was ook de bijzondere "mystieke ervaring" die Teilhard de Chardin in 1919 had, en die zijn leven voorgoed veranderde. Hij beschreef deze ervaring in de derde persoon:

"Het Ding dook naar beneden... Dan opeens, een adem van verzengende lucht ging door zijn voorhoofd, brak door de barrière van zijn gesloten oogleden en penetreerde zijn ziel. De man voelde dat hij ophield zichzelf te zijn: een onweerstaanbare extase nam bezit van hem alsof al het levenssap van alle levende dingen op één en hetzelfde moment in de nauwe kamers van zijn hart vloeiden en op machtige wijze de verzwakte vezels van zijn wezen herschiepen... Tegelijkertijd benauwde hem de angst van een bovenmenselijk gevaar, een verwarrend gevoel dat de Kracht die op hem was neergedaald verdacht was, troebel, de gecombineerde essentie van kwaad en goedheid..."

Zijn hele leven lang streed de Chardin tegen de Leer van de Kerk over de Schepping, en zette hij zich in om het Darwinisme ingang te doen vinden in de seminaries en uiteindelijk in de Kerk. Het mag dus duidelijk zijn dat Teilhard de Chardin een afvallige was, een ketter, iemand die zijn Christelijk geloof verloochende, in de greep was van de demon, en een soort New-Age geloof verkondigde, met een "Kosmische Christus" en een "noösfeer." De dwalingen van de Chardin werden dan ook vele malen veroordeeld door de Kerk, en blijven tot op heden veroordeeld.

Paus Johannes XXIII vaardigde bij de opening van het Tweede Vaticaans Concilie in 1962 volgend *Monitum* (waarschuwing) uit:

> *"Verschillende werken van P. Pierre Teilhard de Chardin, sommige die postuum gepubliceerd werden, worden bewerkt en verkrijgen redelijk wat succes. Afgeleid van een oordeel over deze punten die de positieve wetenschappen betreffen, is het voldoende duidelijk dat de bovenvernoemde werken vol staan met dubbelzinnigheden en zelfs ernstige dwalingen, als om de Katholieke Leer te krenken. [...]* ***Omwille van deze reden, vermanen de meest eminente en weleerwaarde Vaders van de Heilige Stoel alle gewijde personen alsook de oversten van religieuze instituten, rectors van seminaries en presidenten van universiteiten, om de geesten effectief te beschermen, in het bijzonder van de jeugd, tegen de gevaren die zich aandienen in de werken van Teilhard de Chardin en zijn volgelingen."*** *(Gegeven te Rome, vanuit het Paleis van de H. Stoel, op de dertiende dag van Juni, 1962. Sebastianus Masala, Notarius)*

En in 1981 bevestigde de H. Stoel in een perscommuniqué nogmaals de veroordeling van Teilhard de Chardin. De Chardin was en is een door de Kerk veroordeelde ketter. De tijd zal dat niet veranderen, want God verandert niet (zoals de Chardin wél beweerde) en de Waarheid verandert niet, ondanks het feit dat een aantal Pausen na het Tweede Vaticaans Concilie zich jammer genoeg voorzichtig positief hebben uitgelaten over sommige ideeën van de Chardin.

Dat Teilhard de Chardins opvattingen, en het 'theïstisch evolutionisme' in het algemeen geheel in strijd is met wat de Bijbel ons leert, en wat de Kerk doorheen de eeuwen altijd heeft geleerd, zullen we nu uitvoerig uiteenzetten.

Hoofdstuk 2

Theïstisch evolutionisme versus de Bijbel

Theïstisch evolutionisten zijn dus christenen die de evolutietheorie trachten te "verzoenen" met het geloof. Adam en Eva zijn de symbolische eerste mensen die op één of ander moment uit apen zijn geëvolueerd, en de scheppingsdagen worden opgevat als lange tijdsperioden, met catastrofen en uitstervingsperioden. Maar laten we eens enkele bedenkingen maken en laten we vervolgens kijken wat de Heilige Schrift precies zegt.

Zou God de Schepping niet perfect hebben gemaakt, zonder de nood om, nog voordat de mens er was, catastrofen te laten plaatsvinden en talloze diersoorten te laten uitsterven? Waar in deze opvatting is er dan plaats voor het Paradijs met een volmaakte Schepping? God schiep de dieren omwille van de mens, maar als God de dieren liet evolueren en dan weer liet uitsterven, nog vóór de mens, wat voor nut had dat dan voor de mens? Om wat fossielen te hebben om later musea daarmee te kunnen vullen?

En als de mens van de aap zou afstammen: wanneer spreekt men van een "eerste" mens? Hoe en wanneer wordt het onderscheid gemaakt tussen een aap die lijkt op een mens, en een mens die lijkt op een aap? Als het nog een halve aap was (stel: een aap met wat minder haar), en die paarde opnieuw met een aap die sowieso in de buurt moet hebben geleefd, dan was zijn nakomelingschap opnieuw aap, en dat zou zo blijven tot op vandaag. Een iets meer rechtop lopende aap, die zal niet een andere rechtop lopende aap uitzoeken om te paren, die paart gewoon met de eerste de beste: gevolg: zijn nakomelingschap is opnieuw gewoon: aap. Er was reeds verderf, losbandigheid en zonde, nog voordat de zondeval plaats zou hebben gehad bij de eerste mens: want zoals iedereen weet zijn apen niet de meest kuise diersoorten. De bonobo's hebben seks met iedereen, wanneer ze maar willen. Chimpansees houden er ook een vrij los seksleven op na, en de mannetjes van de gorilla hebben seks met alle vrouwtjes van de groep. Hoe kan uit zo'n dier en op zo'n wijze een mens ontstaan? Er was reeds verderf: want volgens de gedachte van de 'theïstische evolutie' bestond de dood reeds vóór de zondeval (anders kunnen de fossielen van de voorouders van de mens niet ontstaan zijn). Er was dus reeds verderf en zonde in het paradijs? Hoe valt dat te rijmen met de H. Schrift? Dat zijn duidelijk twee tegengestelden die niet met elkaar te 'verzoenen' zijn. Het is het één of het ander.

"Toen boetseerde Jahwe God de mens uit stof, van de aarde genomen, en Hij blies hem de levensadem in de neus: zo werd de mens een levend wezen. Daarna legde Jahwe God een tuin aan in Eden, ergens in het oosten, en daarin plaatste Hij de mens die Hij geboetseerd had."

"Toen liet Jahwe God de mens in een diepe slaap vallen; en terwijl hij sliep, nam Hij een van zijn ribben weg en zette er vlees voor in de plaats. Daarna vormde Jahwe God uit de rib die Hij bij de mens had weggenomen, een vrouw, en bracht haar naar de mens. Toen sprak de mens: `Eindelijk been van mijn gebeente en vlees van mijn vlees! Mannin zal zij heten, want uit een man is zij genomen.' Zo komt het dat een man zijn vader en zijn moeder verlaat en zich zo aan zijn vrouw hecht, dat zij volkomen één worden. Zij waren beiden naakt, de mens en zijn vrouw, maar zij voelden geen schaamte voor elkaar." (Gen 2,7-8 en 21-25)

Er staat duidelijk dat God de mens boetseerde uit de aarde en dat die eerste gevormde mens, die dode materie was, pas levend werd nadat God de levensadem erin blies (hem een ziel gaf). Een voorouderlijke aap is echter reeds een levend wezen, en dus geen dode materie. En volgens Genesis werd Eva geschapen uit Adam. Hoe valt dit te rijmen met evolutie? Adam die een dochter verwekt bij een aap?

Evolutie en schepping zijn twee heel verschillende dingen. Indien Christus in de H. Schrift spreekt over de schepping van Adam en Eva, dan spreekt hij toch niet over de "evolutie" van Adam en Eva uit een voorouderlijke aap?

"Hebt gij niet gelezen, dat de Schepper in het begin hen als man en vrouw gemaakt heeft en gezegd heeft: Daarom zal de man zijn vader en moeder verlaten om zich te binden aan zijn vrouw en deze twee zullen worden een vlees?" (Matt 19,4-5)

"Maar in het begin, bij de schepping, heeft God hen als man en vrouw gemaakt." (Marc. 10,6)

Wie dus beweert dat wij zouden geëvolueerd zijn, verwijst Genesis 1 en 2 naar het rijk der fabelen en spreekt Christus tegen, want dan was er geen begin van de Schepping, waar God de mens als man en vrouw maakte. Evolutie is evolutie, en geen schepping. Vandaar ook het onderscheid tussen evolutionisten (Evolutie) en creationisten (Creatie, Schepping).

De H. Apostel Paulus schreef in zijn brief aan Timoteüs:

"Want Adam werd het eerst geschapen, en daarna Eva. En Adam werd niet misleid, maar het was de vrouw die zich liet bedriegen en daardoor tot overtreding kwam." (1 Tim. 2,13-14)

Hieruit is klaar en duidelijk dat Paulus niet in evolutie geloofde, maar Genesis letterlijk nam. Verder beschreef hij in zijn brief aan de Romeinen hoe de zonde door één mens in de wereld kwam, en hoe door één Mens de Verlossing kwam:

"Door één mens is de zonde in de wereld gekomen en met de zonde de dood en zo is de dood over alle mensen gekomen, aangezien allen gezondigd hebben. Er was immers reeds zonde in de wereld, voor de wet er was; maar zonde wordt niet aangerekend, waar geen wet is. Toch heeft de dood als koning geheerst in de tijd van Adam tot Mozes, dus ook over hen die zich niet op de wijze van Adam schuldig hadden gemaakt aan de overtreding van een gebod. Adam nu is het beeld van de Mens die komen moest. Maar de genade van God laat zich niet afmeten naar de misstap van Adam. De fout van een mens bracht allen de dood, maar allen schonk Gods genade rijke vergoeding door de grote gave van zijn genade, de ene mens Jezus Christus. Zijn gave is sterker dan die ene zonde. Het oordeel dat volgde op de ene

misstap liep uit op een veroordeling, maar de gratie die na zoveel overtredingen verleend werd betekende volledige kwijtschelding. Door toedoen van een mens begon de dood te heersen, als gevolg van de val van die mens. Zoveel heerlijker zullen zij die de overvloed der genade en de gave der gerechtigheid ontvangen, leven en heersen, dankzij de ene mens Jezus Christus. Dit betekent: een fout leidde tot veroordeling van allen, maar een goede daad leidde tot vrijspraak en leven voor allen. En zoals door de ongehoorzaamheid van een mens allen zondaars werden, zo zullen door de gehoorzaamheid van Een allen worden gerechtvaardigd." (Rom. 5,12-19)

Paulus zegt hier duidelijk dat pas na de zonde van Adam, de dood begon te heersen. Dus vóór Adam was er geen dood, en dus ook geen fossielen van afgestorven "voorouders". Eva werd het eerst verleid, en dan zondigde Adam. Lezen we nog even Genesis:

"Zij plukte dus een vrucht en zij at ervan; zij gaf er ook van aan haar man, die bij haar stond, en ook hij at ervan. Nu gingen hun beiden de ogen open en zij ontdekten dat zij naakt waren." (Gen. 3,6-7)

Opvallend is ook de straf die de vrouw opgelegd kreeg:

"En tot de vrouw heeft Hij gezegd: `Zeer zwaar zal ik maken de lasten van uw zwangerschap: met pijn zult gij kinderen baren." (Gen. 3,16)

Is het niet zo dat alle zoogdieren (tenzij bij bepaalde gefokte runderen enz.) gemakkelijk en probleemloos, zonder geschreeuw en veel pijn, hun jongen ter wereld brengen? En dit geldt ook voor apen: zij baren hun jongen probleemloos; terwijl het de mens enorm veel moeite en pijn kost. De jongen van de apen liggen ook niet te huilen en te krijsen, zoals de zuigelingen van de mens... Evolutie? En apen lijden geen kou, want ze hebben een vacht, en ze schamen zich niet voor hun naaktheid. Maar de mens schaamt zich voor zijn naaktheid; bedekt zijn naaktheid, en moet zich bovendien kleden om zich warm te houden. Evolutie? De enige 'evolutie' die er is geweest is de degradatie van de mens van een paradijselijke en volmaakte toestand naar een ellendige toestand op een vervloekte aarde, zoals inderdaad ook in Genesis staat geschreven:

"En tot de man heeft Hij gezegd: `Omdat gij hebt geluisterd naar uw vrouw en hebt gegeten van de boom die Ik u had verboden, zal de grond vervloekt zijn omwille van u! Zwoegend zult gij van hem eten, alle dagen van uw leven. Distels en doornen zal hij voortbrengen, met veldgewas moet gij u voeden. In het zweet zult ge werken voor uw brood, tot gij terugkeert naar de grond, waaruit gij zijt genomen: gij zijt stof, en tot stof keert gij terug.'" (Gen. 3, 17-20)

Hier staat heel duidelijk dat de ellendigheden van het leven dat wij kennen pas begonnen ná de zondeval. Dit is in de eeuwigheid niet te verzoenen met evolutie. Want in het evolutieverhaal is er geen plaats voor een volmaakt paradijs en een God die de aarde vervloekt omwille van de ongehoorzaamheid van de mens: de wereld en het leven erop transformeert niet van volmaakt naar vervloekt, maar "evolueert" van zeer onvolmaakt over lange tijdsperioden van miljoenen jaren naar onvolmaakt... Distels, doorns, ziekten en de dood zijn in het evolutieverhaal het gevolg van evolutie, en niet van zondeval. In de ogen van een theïstische evolutionist kan de schepping nooit goed en volmaakt geweest zijn. Maar dit spreekt diametraal deze vers tegen:

"God bezag alles wat Hij gemaakt had, en Hij zag dat het heel goed was." (Gen. 1,31)

We zagen dus duidelijk dat zowel Christus als Paulus Genesis letterlijk opvatten als een geschiedenis en geen mythologisch of symbolisch verhaal. Evolutie veronderstelt miljoenen jaren afsterven, dood, wegrotten en fossiliseren, ontstaan van ziekten, parasieten, roofdieren, gevaarlijke insecten, giftige en stekende planten; om dan alle natuurelementen van deze armtierige wereld er niet bij te rekenen: storm, droogte, koude en hitte, aardbevingen en vulkaanuitbarstingen, bosbranden enz., enz... om dan zo geleidelijk aan, tot de evolutie van een soort aap en dan de mens te komen. Wie denkt dat God zo heeft gehandeld, loochent, net zoals Teilhard de Chardin, de zondeval. Kwaad, pijn en lijden is dan puur een deel van het evolutieproces. Dan bestaat zonde eigenlijk niet, en is er ook geen verlossing nodig.

Christus is dan voor niets gestorven aan dat kruis. Dan was Zijn kruisoffer gewoonweg nutteloos.

Zoals op Gods Woord de Schepping tot stand kwam, kwam op Zijn Woord ook de vervloeking van de wereld tot stand, waarbij de Schepping die "heel goed was", een transformatie onderging en er een natuur ontstond die voorheen niet bestond, namelijk: een natuur die vijandig is voor zichzelf en voor de mens. We kennen allemaal het principe van eten en gegeten worden; roofdieren en prooidieren. De kat die een muis vangt en opeet; de leeuw die een antilope doodt en opeet; de mens die een konijn doodt en opeet, en de witte haai die een mens doodt en opeet... Denken we ook aan de vele luizen, vlooien, teken, lintwormen, en andere akelige parasieten, om dan nog niet te spreken over bacteriën en virussen die allerhande gevaarlijke ziekten teweeg brengen: dit kan in geen geval een "heel goede" schepping zijn.

Dat deze huidige vervloekte aarde niet de aarde is zoals door God bedoeld vanaf het begin, lezen we ook in Openbaring, wanneer alles zal voltooid zijn:

"En ik zag een nieuwe hemel en een nieuwe aarde; de eerste hemel en de eerste aarde waren verdwenen en de zee bestond niet meer. En ik zag de heilige stad, het nieuwe Jeruzalem, van God uit de hemel neerdalen, gereed als een bruid die zich voor haar man heeft getooid. Toen hoorde ik een machtige stem die riep van de troon: "Zie hier Gods woning onder de mensen! Hij zal bij hen wonen. Zij zullen zijn volk zijn, en Hij, God-met-hen, zal hun God zijn. En Hij zal alle tranen van hun ogen afwissen, en de dood zal niet meer zijn; geen rouw, geen geween, geen smart zal er zijn, want al het oude is voorbij." En Hij die op de troon is gezeten, sprak: "Zie, Ik maak alles nieuw." En ik hoorde zeggen: "Schrijf deze woorden op, ze zijn onfeilbaar waar." Nog zei Hij tot mij: "Het is gebeurd! Ik ben de Alfa en de Omega, de oorsprong en het einde. Wie dorst heeft zal Ik te drinken geven uit de bron van het water des levens, om niet. Wie overwint zal dit alles krijgen, en Ik zal zijn God zijn en hij mijn zoon. Maar de lafhartigen, de trouwelozen, de verdorvenen, de moordenaars, de hoereerders, de tovenaars, de afgodendienaars en alle leugenaars, hun deel is in de poel die brandt van vuur en zwavel. Dit is de tweede dood."" (Openb. 21,1-8)

Vervolgens heb je nog een probleem voor het theïstisch evolutionisme. Indien Christus en St. Paulus spreken van Adam, de eerste mens, dan moet ook de stamboom kloppen. In Lukas 3,23-38 lezen we hele geslachtslijst van de H. Maagd (van Jezus Christus tot aan Adam):

"Deze Jezus nu was bij zijn optreden ongeveer dertig jaar. Hij was, in de opvatting der mensen, de zoon van Jozef, de zoon van Eli, de zoon van Mattat, de zoon van Levi, de zoon van Melchi, de zoon van Jannai, de zoon van Jozef, de zoon van Mattatias, de zoon van Amos, de zoon van Naüm, de zoon van Hesli, de zoon van Naggai, de zoon van Maät, de zoon van Mattatias, de zoon van Semeïn, de zoon van Josek, de zoon van Joda, de zoon van Joanan, de zoon van Resa, de zoon van Zerubbabèl, de zoon van Seáltiël, de zoon van Neri, de zoon van Melchi, de zoon van Addi, de zoon van Kosam, de zoon van Elmadan, de zoon van Er, de zoon van Jozua, de zoon van Eliezer, de zoon van Jorim, de zoon van Mattat, de zoon van Levi, de zoon van Simeon, de zoon van Juda, de zoon van Jozef, de zoon van Jonan, de zoon van Eljakim, de zoon van Melea, de zoon van Menna, de zoon van Mattatta, de zoon van Natan, de zoon van David, de zoon van Isaï, de zoon van Obed, de zoon van Boaz, de zoon van Salmon, de zoon van Nachson, de zoon van Amminádab, de zoon van Admin, de zoon van Arni, de zoon van Chesron, de zoon van Peres, de zoon van Juda, de zoon van Jakob, de zoon van Isaak, de zoon van Abraham, de zoon van Terach, de zoon van Nachor, de zoon van Serug, de zoon van Reü, de zoon van Peleg, de zoon van Eber, de zoon van Selach, de zoon van Kenan, de zoon van Arpáksad, de zoon van Sem, de zoon van Noach, de zoon van Lamech, de zoon van Metuselach, de zoon van Henoch, de zoon van Jered, de zoon van Mahalalel, de zoon van Kenan, de zoon van Enos, de zoon van Set, de zoon van Adam, de zoon van God." (Luc. 3,23-38)

De andere geslachtslijst in Mattheüs is deze van Jozef tot aan Abraham. Indien men de berekening maakt, dan komen we aan 76 generaties vanaf Adam. Als we verder rekenen, dan komt dat op ca. 3997 jaar, een kleine 4000 jaar na Adam. Indien nu de Bijbelse Adam slechts een verzinsel is, en de "eerste mens," die wij Adam noemen, geëvolueerd zou zijn en veel eerder zou geleefd hebben, dan is die geslachtslijst eigenlijk ook gewoon een leugen? Of indien Adam gewoon een mens onder de vele mensen van zijn tijd was, en op symbolische wijze “de eerste mens” wordt genoemd, dan is Genesis een faliekante leugen?

Dan staat de Bijbel eigenlijk vol mythes, fabels, verhaaltjes waar we best niet teveel geloof aan hechten... Wat is er dan nog waar van? Ieder pikt er dan maar wat uit, volgens eigen goeddunken, om vervolgens een eigen waarheid te creëren.

Maar zo zit het uiteraard niét. De Bijbel, Gods Woord, is één en al Waarheid. De wereld die we nu zien, waar we nu in leven, met al z'n mankementen, dat is het gevolg van één ding: de zondeval van het eerste mensenpaar. De wereld onderging als het ware een transformatie, een "herschepping" tot wat we nu zien. Dat is iets dat wij niet kunnen waarnemen of kunnen bewijzen. Evolutie is de drager van een atheïstische en naturalistische wereldvisie, waar God nergens aan te pas komt, en waar zonde ook niet bestaat. Alles is puur toeval, wij zijn slechts een vat reagerende chemicaliën die hier per toeval zijn ontstaan, alles is toegelaten (binnen de door de mens vastgelegde regels (die voortdurend veranderen), en niet door die van God in de Schrift) en als de mens zijn laatste adem uitblaast, is het gedaan ermee. Dat is de overtuiging van de atheïsten. Maar die overtuiging is in de eeuwigheid niet te verzoenen met de Bijbel – Gods Woord.

Gods Woord is onfeilbaar – maar de menselijke historische wetenschap (die o.a. onze ontstaansgeschiedenis wil verklaren) daarentegen, is wel feilbaar, zeker als het gaat over gebeurtenissen in het verleden die niet kunnen herhaald worden. Als we geloof en wetenschap willen verzoenen, dan moeten we niet aan het geloof tornen, maar steeds kijken of wat de zogenaamde (atheïstische!) wetenschap zegt, wel in overeenstemming is met wat God ons vertelt. Indien de wetenschappelijke data in plaats van in het evolutieparadigma, in het Bijbels denkkader of paradigma worden geïnterpreteerd en geanalyseerd, dan komt men tot heel andere resultaten. Men komt dan tot de vaststelling dat de evolutietheorie en de bewering dat de aarde 4,6 miljard jaar oud is, op losse schroeven staat, en dat de Bijbel waarheidsgetrouw is. We mogen nooit de gedachte krijgen dat Gods Woord niet volmaakt zou zijn, en dat de delen die spreken over historische gebeurtenissen zouden moeten aangepast worden, of slechts symbolisch geïnterpreteerd zouden moeten worden.

St. Paulus waarschuwde dan ook:

"Laat niemand zichzelf iets wijs maken. Als iemand onder u wijs meent te zijn, wijs volgens de opvattingen van deze wereld dan moet hij dwaas worden om de ware wijsheid te leren. De wijsheid van deze wereld is dwaasheid voor God. Er staat immers geschreven: Hij vangt de wijzen in hun eigen sluwheid, en elders: De Heer kent de gedachten van de wijzen, Hij weet hoe waardeloos ze zijn. Laat daarom niemand zijn heil zoeken bij mensen." (1 Kor.18-21)

"Weest op uw hoede, zorgt dat ge u niet laat meeslepen door waardeloze, bedrieglijke theorieën, puur menselijke bedenksels, die de machten van de kosmos verheerlijken, maar Christus bestrijden." (Kol. 2,8)

"Spreek het woord van de waarheid rechtuit. Mijd het profaan en hol geredeneer; zij zullen de goddeloosheid nog verder drijven en hun leer zal voortwoekeren als een kankergezwel." (2 Tim. 15-17)

De Heilige Petrus schreef:

"Toch zijn er onder het volk ook valse profeten geweest. En zo zullen er onder u valse leraars komen, die heimelijk verderfelijke ketterijen invoeren. Zij zullen zich niet ontzien tot hun eigen schielijke ondergang de Heerser te verloochenen die hen heeft vrijgekocht. Velen zullen hun losbandigheid navolgen en de weg van de waarheid zal door hun toedoen in diskrediet raken. In hun hebzucht zullen zij u met verzonnen verhalen geld uit de zak kloppen. Maar hun vonnis is allang geveld, hun ondergang zal niet op zich laten wachten. Want ook de engelen die zondigden heeft God niet gespaard, maar naar de onderwereld verwezen en in duistere holen opgesloten, in afwachting van het Gericht. Evenmin heeft Hij de wereld van de voortijd gespaard; Hij heeft alleen Noach, de heraut der gerechtigheid, met zeven anderen

behoed, toen Hij de zondvloed bracht over die wereld van goddelozen." (2. Petr. 2,1-6)

Een Christen is geroepen de Waarheid lief te hebben. "Wat is waarheid?" Dat waren de woorden van Pilatus toen Jezus vóór hem stond en zei: "Ja, koning ben Ik. Hiertoe ben Ik geboren en hiertoe ben Ik in de wereld gekomen om getuigenis af te leggen van de waarheid. Al wie uit de waarheid is, luistert naar mijn stem." (Joh 18,36-37)

Ergens anders zei Jezus:

"Ik ben de Weg, de Waarheid en het Leven. Niemand komt tot de Vader tenzij door Mij." (Joh. 14,6-7)

Jezus Christus is de tweede Persoon van de H. Drievuldigheid, en is dus God. Wie God bemint, bemint de Waarheid, en wie de Waarheid bemint, bemint God. Toen de paters Missionarissen in Afrika (en elders) gingen prediken en de inheemse bevolking trachtten te bekeren tot het Katholieke Geloof, waren er veel mensen die hongerden en dorstten naar de Waarheid. Zij wilden de Waarheid kennen, en dus ook de Ware God, maar er was niemand om het hen te vertellen. Toen het hen geopenbaard werd, bekeerden ze zich direct en werden ze vurige Christenen. Zij verlangden naar de Waarheid, beminden de Waarheid, en beminden dus vurig hun God.

En God zei tegen Mozes en het gelovige volk:

"Heb dus de Heer, je God lief met heel je hart en heel je ziel en met al je krachten." (Deuteronomium 6, 5)

Christus bevestigde dit toen men Hem vroeg wat het voornaamste gebod is. Wie nu de Waarheid niet liefheeft, bemint dus God niet, want God is Waarheid. In Hem is er geen leugen. Wie zijn eigen waarheid creëert, bemint dus de Waarheid niet. Wie de Waarheid niet bemint, maar beweert God te beminnen, bemint dus een zelfgecreëerde God, een God die past in het eigen denkbeeld, een God met beperkingen opgelegd door die mens.

Als er nu in de Bijbel staat dat God in zes dagen de wereld schiep, waarom zouden dat dan eeuwen, of zelfs miljoenen jaren zijn, als er staat: "dagen." Indien het geen dagen (of: tijdsperioden overeenkomend met de lengte van een dag) waren, zou God daar wel voor gezorgd hebben dat dat anders zou zijn opgetekend. God zou toch niet toestaan dat wij belazerd worden? Wie zijn wij om perken te stellen aan Gods Almacht? Zou het voor God te moeilijk zijn om het universum te scheppen in een tijdsperiode even lang als onze huidige week? Als Christus spreekt over de Schepping van Adam en Eva, is het omdat dát de Waarheid is. Indien er staat dat Jezus op de derde dag verrees, is dat niet het derde jaar, de derde eeuw, of het derde millennium, nee de derde dag. Letterlijk. Als er staat dat Jezus een dode tot leven wekte, of als er staat dat Mozes met het volk van Israël door de Rietzee trok, die door God in twee was gespleten, dan is dat zo. Dat is de Waarheid. De Woorden van Christus zijn Waarheid. De hele Schrift is Waarheid, en wat als historische gebeurtenis staat opgetekend, dienen we ook zo te verstaan.

"Waarom verstaat gij mijn taal niet? Omdat gij niet in staat zijt mijn woord te aanhoren. De vader uit wie gij zijt is de duivel, en gij verkiest te volbrengen wat uw vader verlangt. Hij was een moordenaar van begin af aan en hij bevindt zich niet in de waarheid, omdat er in hem geen waarheid is. Wanneer hij leugentaal spreekt, spreekt hij uit zijn eigen wezen, want een leugenaar is hij, ja, de aartsleugenaar. Mij gelooft gij niet, omdat Ik de waarheid spreek." (Joh. 8, 43-45)

Wie de Waarheid niet gelooft, gelooft Christus niet. Wie de waarheid niet gelooft, gelooft Zijn Woorden niet. Wie de Waarheid niet gelooft, bemint Christus niet. De Waarheid staat in de H. Schrift, en daar mag nooit aan getwijfeld worden. Wie denkt dat de Waarheid elders moet gezocht worden, is niet in de Waarheid, en bemint de Waarheid niet. Het is uiteindelijk de Heilige Geest die ons overtuigt van de Waarheid, en de Waarheid aan ons openbaar maakt, onze ogen ervoor opent, want Christus zei:

Thans ga Ik naar Hem die Mij gezonden heeft, en toch vraagt niemand van u Mij: Waar gaat Gij heen? Omdat Ik u dit gezegd hebt, is uw hart vol droefheid. Toch zeg Ik u de waarheid: het is goed voor u dat Ik heenga; want als Ik niet heenga, zal de Helper niet tot u komen. Nu Ik wel ga, zal Ik Hem tot u zenden. Eenmaal gekomen zal Hij de wereld het overtuigend bewijs leveren van wat zonde, gerechtigheid en oordeel is: van wat zonde is, omdat zij niet in Mij geloven; van wat gerechtigheid is, omdat Ik naar de Vader ga, zodat gij Mij niet meer ziet; van wat oordeel is, omdat de vorst dezer wereld geoordeeld is. Nog veel heb Ik u te zeggen, maar gij kunt het nu niet verdragen. Wanneer Hij echter komt, de Geest der waarheid, zal Hij u tot de volle waarheid brengen; Hij zal niet uit zichzelf spreken, maar spreken al wat Hij hoort en u de komende dingen aankondigen. Hij zal Mij verheerlijken, omdat Hij aan u zal verkondigen wat Hij van Mij ontvangen heeft. Ik zei dat Hij aan u zal verkondigen wat Hij van Mij ontvangen heeft, omdat al wat de Vader heeft het mijne is. (Joh. 16, 5-15)

De volgorde van de heilsgeschiedenis is als volgt: Schepping – Zondeval – Zondvloed – Uitverkiezing van het volk van Israël – Komst van Messias en Verlossing – Voleinding van de Wereld. De zondeval voltrok zich korte tijd na de Schepping van Eva. Daarna werden Adam en Eva uit het Paradijs verdreven en kwamen ze aan op de vervloekte boete-aarde: de hele schepping werd getransformeerd in een vervloekte staat, die zich tegen de mens keerde: een soort 'herschepping'. Dan heb je de zondvloed, omdat de mensheid zodanig slecht geworden was; enkel Noach en zijn familie waren nog rechtschapen. De zondvloed heeft de wereld voor een tweede keer als het ware 'herschapen'. En we staan volgens mij nu dichtbij van de Wederkomst van Jezus, waarbij Hij allen die 'uit de Waarheid zijn' en in Hem geloven, zal laten verrijzen en een nieuw en verheerlijkt lichaam zal geven, en zal opnemen in Zijn Koninkrijk, het Paradijs van Adam en Eva. Dit is de 'voleinding van de wereld' waar Christus over sprak in het Evangelie. Deze wereld van pijn en zonde zal afgedaan hebben.

"'Zie, Ik kom spoedig, en mijn loon breng Ik mee, om ieder te vergelden naar zijn werk. Ik ben de Alfa en de Omega, de eerste en de laatste, de oorsprong en het einde. Zalig zij die hun kleren rein wassen. ***Zij zullen recht krijgen op de boom des levens en door de poorten mogen ingaan in de stad.*** *Buiten blijven de honden, de tovenaars, de hoereerders, de moordenaars,*

de afgodendienaars: eenieder die de leugen liefheeft en doet. Ik, Jezus, heb mijn engel gezonden om u deze openbaringen aangaande de kerken bekend te maken. Ik ben de Wortel uit het geslacht van David, de stralende morgenster.'" (Openb. 22,12-16)

Laten we niet zelf onze waarheden kiezen, maar de hele Waarheid beminnen, en niet bang zijn om uitgelachen te worden, bespot, en voor idioot uitgemaakt te worden, want Christus ís de Waarheid, en de Waarheid zal ons vrijmaken:

"Tot de Joden dan die in Hem geloofden, zei Jezus: "Indien gij trouw blijft aan mijn woord, zijt gij waarlijk mijn leerlingen. Dan zult ge de waarheid kennen en de waarheid zal u vrijmaken." (Joh. 8, 31-32)

Hoofdstuk 3

Wat de Katholieke Kerk altijd leerde

We hebben duidelijk getoond dat het theïstisch evolutionisme in regelrechte strijd is met de H. Schrift. Sommigen beweren dat de Katholieke Kerk zich meerdere malen positief heeft uitgesproken over de evolutietheorie. Eén van de bekendste uitspraken is deze van Paus Johannes Paulus II in 1996 in een brief gericht aan de Pauselijke Academie voor Wetenschappen, waarin hij beweerde dat "evolutie meer dan een theorie" is. Velen zien hierin een bevestiging dat de Kerk nu wel degelijk de evolutietheorie heeft aangenomen. Deze uitspraken zijn echter géén leergezag, maar een persoonlijke mening vatbaar voor allerlei interpretatie. Vandaar kan deze persoonlijke uitspraak niet gezien worden als 'wat de Kerk zegt', en is niemand verplicht deze persoonlijke en feilbare mening voor waar aan te nemen. Als we echter kijken naar wat het Magisterium of het Leergezag ons leert, dan zien we dat de authenticiteit van Genesis steeds werd bevestigd, zelfs onder Paus Johannes Paulus II.

3.1 Paus Pius V: Concilie van Trente

In het Concilie van Trente, dat werd voorgezeten door Paus Pius V, werd in 1546 volgend decreet uitgevaardigd met betrekking tot de eerste mens en de erfzonde:

SESSIO V - DECRETUM SUPER PECCATO ORIGINALI – 5e Zitting - Decreet over de erfzonde

Daarmee ons Katholieke Geloof, "zonder welke het onmogelijk is om God te behagen", (Heb. 11, 6) , van dwalingen gereinigd en in haar ongeschonden en ongekwetste reinheid moge blijven voortbestaan en het christenvolk zich niet "door iedere windvlaag wat de Leer betreft laat meesleuren" (Ef. 4, 14)

Want juist die oude slang (Apok. 12, 9; 20,2), de vaste vijand van het menselijk geslacht, heeft naast zeer veel ellende, waardoor de Kerk van God in onze tijden verward wordt, ook de erfzonde en haar heilsmiddel, niet alleen nieuwe maar ook oude twisten doen ontstaan.

Besluit, onderschrijft, en verklaart het hoogheilig oecumenische en algemene concilie van Trente,...

om de dwalenden terug te roepen en de wankelmoedigen te ondersteunen, de getuigenissen van de Heilige Schriften en van de Vaders en de erkende concilies alsook volgend het oordeel en de overeenstemming van de Kerk,

het volgende over de erfzonde:

*-**Als iemand niet belijd dat de eerste mens Adam, nadat hij in het paradijs Gods gebod had overtreden, en tegelijk de heiligheid en gerechtigheid, die hij had vanaf het begin, verloor en de toorn en ongenade van God over zich heen kreeg en daarom onder de macht van de dood kwam te staan,** de dood waarvoor God hem van te voren heeft gewaarschuwd, de dood die het knechtschap betekent van "diegene die de dood beheerst, de duivel" (Hebr. 2, 14), en dat de gehele Adam door dit vergrijp met ziel en lichaam zich tot het slechtere zijn veranderd, hij zij verdoemd.*

-Wie zegt dat de overtreding van Adam alleen hem en niet zijn nakomelingen schade zal berokkenen, want de van God ontvangen heiligheid en gerechtigheid, die heeft hij alleen verloren en niet voor ons, of Adam heeft, onder invloed van de zonde van ongehoorzaamheid, alleen de dood en de lichaamsstraffen op het gehele mensengeslacht overdragen, niet echter de zonde die de dood van de ziel betekent, hij is verdoemd. Want dat weerspreekt wat de apostel zegt: "Door één mens kwam de zonde in de wereld en door de zonde de dood, en zo ging de dood over op alle mensen, die in hem (Adam) hebben gezondigd." (Rom. 5, 12)

3.2 Paus Pius IX: het provinciaal Concilie van Keulen en het Eerste Vaticaans Concilie:

Het jaar na de publicatie van Darwins boek over evolutie, in 1859, vaardigde het Provinciaal Concilie van Keulen de volgende canon, die goedgekeurd werd door Paus Pius IX:

*"**Onze eerste ouders werden onmiddellijk geschapen door God** (Gen. 2,7). Daarom verklaren we, de opinie van diegenen die durven te beweren dat de mens, wat betreft het lichaam, door spontane transformatie afstamt van een onvolmaakte natuur, die continu verbeterde tot het de huidige menselijke toestand bereikte, in tegenspraak met de Heilige Schrift en het Geloof."*

Paus Pius IX keurde ook de volgende leer goed van het Eerst Vaticaans Concilie:

*"De enige Ware God, schiep door Zijn goedheid en zijn Almachtige kracht, niet om zijn eigen Zaligheid te vermeerderen en er niets aan toe te voegen, maar om Zijn volmaaktheid te manifesteren door de zegeningen die Hij schenkt aan de schepselen met de meest vrije wil, onmiddellijk vanaf het begin van de tijd elk schepsel lichamelijk en geestelijk uit het niets, namelijk de engelachtigen en de aardsen; **en dan de menselijke schepping, gewoon zoals het was, samengesteld uit zowel geest als lichaam."***

3.3 Paus Leo XIII: Encycliek Arcanum Divinae Sapientiae

Op 10 februari 1880, 22 jaar na de publicatie van Darwins eerste boek, vaardigde Paus Leo XIII een encycliek over het huwelijk uit met de titel "*Arcanum Divinae Sapientiae*", waarin hij schreef:

"We tekenen op wat bekend is, en het kan op geen enkele manier in twijfel worden getrokken dat God, ***op de zesde dag van de Schepping, toen hij de mens uit het slijk der aarde had gemaakt en in zijn gezicht de adem van het leven had geblazen, hem een gezel gaf, die Hij op miraculeuze wijze uit de zijde van Adam nam, toen hij vast aan het slapen was.*** *Daarom, in Zijn meest verreikend vooruitzicht, heeft God bepaald dat deze man en vrouw het natuurlijke begin van het menselijk ras zouden zijn,[...]"*

3.4 Paus Pius XII: Encycliek Humani Generis

In 1950 publiceerde Paus Pius XII een encycliek waarin hij waarschuwde voor het slecht interpreteren van de H. Schrift.

Deel 1 – hfst 3: Pogingen om het katholieke dogma te bevrijden van de traditionele formuleringen.

[...] Om nu terug te komen op de bovengenoemde nieuwe opvattingen: sommigen leren of insinueren ook dingen, die afbreuk doen aan het goddelijk gezag van de heilige Schrift. Want er zijn er, die de zin van de definitie van het Vaticaans concilie omtrent God als auteur van de heilige Schrift durven verdraaien. Zij verkondigen opnieuw de reeds meermalen veroordeelde mening, dat de heilige Schrift vrij is van dwaling alleen daar, waar zij spreekt over God en over punten van zedelijke en godsdienstige aard. Zij spreken zelfs ten onrechte over de menselijke zin van de heilige boeken, waaronder hun goddelijke zin, die volgens hen de enig onfeilbare is, schuil zou gaan.

Bij het verklaren van de heilige Schrift willen zij volstrekt geen rekening houden met de "analogie van het geloof" en met de "overlevering" van de Kerk. Men zou dus de leer van de Heilige Vaders en van het gewijde leergezag eigenlijk moeten toetsen aan de heilige Schrift, zoals die op zuiver menselijke wijze door de exegeten wordt verklaard, en niet de heilige Schrift zelf moeten interpreteren volgens de opvatting van de Kerk, die door Christus de

Heer is aangesteld om heel de schat van de geopenbaarde waarheid te bewaren en te verklaren.

Bovendien zou de letterlijke zin van de heilige Schrift en de uitleg ervan, die door zoveel grote exegeten onder het toezicht van de Kerk is gegeven, volgens hun valse princiepen plaats moeten maken voor een nieuwe exegese, die zij als symbolische en geestelijke exegese betitelen. Hierdoor zouden de heilige Boeken van het Oude Testament, die op het ogenblik als een verzegelde bron in de Kerk verborgen liggen, eindelijk voor allen begrijpelijk worden. Langs deze weg zullen, zo beweren zij, alle moeilijkheden verdwijnen, want deze bestaan alleen voor hen, die zich vastklampen aan de letterlijke zin van de heilige Schrift.

Het is voor iedereen duidelijk, hoe zeer dit alles in strijd is met de beginselen en normen van Schriftverklaring, die door onze voorgangers Leo XIII z.g. in de encycliek Providentissimus Deus, Benedictus XV z.g. in de encycliek Spiritus Paraclitus, en ook door onszelf in de encycliek Divino afflante Spiritu zijn vastgelegd.

[...]

Deel 3, hfst 1: Houding van de Kerk tegenover feiten en hypothesen van de positieve wetenschappen

Ten slotte moeten wij nog iets zeggen over vraagstukken, die wel behoren tot de zogenaamde "positieve" wetenschappen, maar toch min of meer in verband staan met de waarheden van het christelijk geloof. Velen immers eisen nadrukkelijk, dat de katholieke godsdienst zoveel mogelijk rekening zal houden met die wetenschappen. Dit is zonder twijfel uitstekend, waar het gaat over werkelijk bewezen feiten; ***maar als het gaat over "hypothesen", die de leer van de heilige Schrift of van de traditie raken, dan moet men hier gereserveerd tegenover staan, al hebben deze hypothesen dan ook min of meer een wetenschappelijke basis. Gaan echter dergelijke***

hypothesen rechtstreeks of zijdelings in tegen de geopenbaarde leer, dan' moet men deze eis volstrekt afwijzen.

1.1 De biologische en antropologische wetenschappen
a. Het evolutionisme.

Daarom verzet het kerkelijk leergezag zich er niet tegen, dat de leer van het "evolutionisme" overeenkomstig de tegenwoordige stand van de menselijke wetenschappen en de theologie door voor- en tegenstanders onder de vakmensen nader wordt bestudeerd en bediscussieerd; wij bedoelen de evolutieleer, in zover zij het ontstaan van het menselijk lichaam uit reeds bestaande en levende stof nagaat, want het katholiek geloof verplicht ons te houden, dat de zielen onmiddellijk door God geschapen worden. Deze studie moet dan zo geschieden, dat de bewijzen voor beide meningen, namelijk van voor- en tegenstanders, met de vereiste ernst, kalmte en gematigdheid worden gewikt en gewogen; ***onder voorwaarde tevens, dat allen bereid zijn, zich te onderwerpen aan het oordeel van de Kerk, want zij heeft van Christus de taak gekregen, de heilige Schrift met bindend gezag te verklaren en de dogma's van het geloof te beschermen.***

Sommigen echter durven de grenzen van deze vrijheid van discussie te overschrijden; ***zij doen namelijk, alsof door de tot nu toe gevonden gegevens en de daarvan uitgaande redeneringen reeds als volkomen zeker zou zijn bewezen, dat het menselijk lichaam uit reeds bestaande en levende stof is ontstaan. Bovendien doen zij het voorkomen, alsof er in de bronnen van de openbaring niets zou te vinden zijn, dat in deze kwestie de grootste gematigdheid en voorzichtigheid eist.***

Paus Pius XII wilde ogenschijnlijk wat water bij de wijn doen, en onderzoekers en theologen "enige vrijheid" geven om te bestuderen of de mens uit reeds "levende materie" zou kunnen voortgekomen zijn, maar wijst er meteen op dat indien hypothesen rechtstreeks tegen de geopenbaarde leer zouden ingaan, ze resoluut moeten verworpen worden. Bijgevolg schiet er van die vrijheid al niet veel meer over, want de historiciteit van Genesis ligt volgens hem onherroepelijk vast. Hij verwierp reeds in deel 1 het idee dat een nieuwe exegese (Bijbelverklaring) van het Oud Testament de voor de wetenschap zogenaamde problemen van de "letterlijke interpretatie van de Schrift" van de baan zou kunnen doen, waarbij Pius XII zegt dat dit in strijd is met wat voorgaande Pausen hebben bevestigd in hun encyclieken (welke wij hier hebben geciteerd).

Verder zegt hij:

1.2 De historische wetenschappen
a. De verklaring van de historische boeken van het Oude Testament, in het bijzonder van Genesis 1-11.

Zoals op het gebied van de biologische en antropologische wetenschappen, zo zijn er ook op dat van de historische wetenschap mensen, die zich niet storen aan de door de Kerk vastgestelde grenzen en voorgeschreven reserve. In het bijzonder valt hier een bepaalde methode van exegese te betreuren, die een al te vrije verklaring geeft van de historische boeken van het Oude Testament. De aanhangers van deze methode verdedigen zich ten onrechte met een beroep op de brief, die de pauselijke bijbelcommissie kortgeleden heeft gericht tot de aartsbisschop van Parijs.

Deze brief immers wijst er nadrukkelijk op, dat de eerste elf hoofdstukken van Genesis wel niet strikt beantwoorden aan de methoden van geschiedschrijving van de grote Griekse en Latijnse geschiedschrijvers en de vakmensen van onze tijd, maar toch in een werkelijke zin, die de exegeten nader moeten bestuderen en omschrijven, tot het historisch genre behoren. De brief wijst er verder op, dat deze hoofdstukken in eenvoudige en beeldrijke taal, aangepast aan de mentaliteit van een weinig ontwikkeld volk, de voornaamste waarheden leren, die voor ons eeuwig heil noodzakelijk zijn, en daarnaast een populaire beschrijving geven van het ontstaan van de mensheid en het uitverkoren volk. Als nu de oude gewijde schrijvers iets hebben ontleend aan volksverhalen, (wat men kan toegeven), dan mag men toch nooit vergeten, ***dat zij dit gedaan hebben onder invloed van de goddelijke***

inspiratie en dat zij hierdoor bij het kiezen en beoordelen van die documenten tegen iedere dwaling werden gevrijwaard.

Pius XII verwierp stellig het idee dat wij van de apen zouden afstammen, en dat Genesis niet letterlijk zou te nemen zijn. Hij zegt tevens duidelijk dat Genesis door goddelijke inspiratie werd geschreven, en bijgevolg vrij is van iedere dwaling. Uit deze encycliek volgt dus dat de "vrijheid" die Pius XII aan eventueel onderzoek verleende, in werkelijkheid maar weinig vrijheid meer had.

3.5 Paus Johannes Paulus II: Catechismus van de Katholieke Kerk

In 1992 verordende en bekrachtigde Paus Johannes Paulus II, middels de Apostolische Constitutie *"Fidei Depositum"*, de publicatie van de Catechismus van de Katholieke Kerk. Hij had in 1985 aan een aantal kardinalen en bisschoppen de opdracht gegeven deze catechismus samen te stellen. In zijn Apostolische Constitutie schreef hij:

"De Catechismus van de Katholieke Kerk die ik op 25 juni jongstleden heb goedgekeurd en waarvan ik vandaag krachtens apostolisch gezag het verschijnen verorden, is een uiteenzetting van het geloof van de Kerk en van de Katholieke leer, bevestigd of verlicht door de heilige Schrift, de apostolische Overlevering en het Kerkelijk Leergezag. Ik verklaar dat deze catechismus een betrouwbare leidraad bij het geloofsonderricht is en een krachtig en geschikt middel voor de kerkelijke gemeenschap."

In deze catechismus tweede sectie, eerste hoofdstuk, artikel1, paragraaf 6, nummers 355-384, lezen we over de schepping van Adam en Eva:

VI - De mens

355- "En God schiep de mens als zijn beeld; als het beeld van God schiep Hij hem; man en vrouw schiep Hij hem" (Gen. 1, 27). De mens heeft een unieke plaats in de schepping: hij is "als het beeld van God" (I); in zijn eigen wezen verenigt hij de geestelijke en de stoffelijke wereld (II); hij is geschapen "man en vrouw"; (III); God heeft hem in zijn vriendschap aangenomen (IV).

1. "Als beeld van God"

356 - Van alle zichtbare schepselen is alleen de mens in staat zijn Schepper te kennen en lief te hebben;" hij is "het enig schepsel op aarde dat om zichzelf door God is gewild".

hij alleen is geroepen door kennis en liefde te delen in het leven van God. Hij is met dit doel geschapen en dit is de diepste grond van zijn waardigheid.

Welke reden hebt U, aan de mens zo' n grote waardigheid te geven? Zeker de onschatbare liefde waarmee U in Uzelf ernaar gekeken hebt en er verliefd op geworden zijt; want uit liefde hebt Gij dit schepsel geschapen, uit liefde hebt Gij het een bestaan geschonken dat in staat is uw eeuwig goed te smaken.

357- Omdat het menselijk individu is als het beeld van God, heeft het de waardigheid van een persoon: hij is niet alleen iets, maar ook iemand. Hij is in staat zichzelf te kennen, zichzelf te bezitten en zichzelf in vrijheid te geven en in contact te treden met andere personen, en hij is door genade geroepen tot een verbond met zijn Schepper, om aan Hem een antwoord van geloof en liefde te geven, dat niemand in zijn plaats kan geven.

358 - God heeft alles voor de mens geschapen, maar de mens is geschapen om God te dienen en te beminnen en om Hem heel de schepping, aan te bieden.

Wat is dus het wezen dat geschapen zal worden en dat een dergelijke eer geniet? Dat is de mens, een groot en bewonderenswaardig levend wezen, kostbaarder in Gods ogen dan heel de schepping: voor hem bestaan hemel, aarde en zee en geheel de schepping, aan zijn redding heeft God zoveel waarde gehecht, dat Hij ter wille van hem zelfs zijn enige Zoon niet gespaard heeft. Want God heeft niet nagelaten alles in het werk te stellen om de mens naar Hem te doen opgaan en hem aan zijn rechterhand te plaatsen.

359 - "In werkelijkheid vindt het mysterie van de mens alleen zijn verklaring in het licht van het mysterie van het mensgeworden Woord":

De oorsprong van het menselijk geslacht gaat volgens de apostel Paulus terug op twee mensen, Adam en Christus... Paulus zegt: "De eerste mens, Adam, werd een levend wezen; de tweede Adam werd een levendmakende Geest" (1 Kor. 15, 45). Die eerste is door die tweede geschapen. Van Hem heeft hij ook een ziel ontvangen zodat hij leeft... De tweede Adam heeft zijn beeld afgedrukt in de eerste, toen Hij hem vormde uit klei. Daarom nam Hij diens menselijke persoon aan en nam Hij zijn naam over. Zo ontbrak Hem niets van wat Hij als een beeld van zichzelf had geschapen: de eerste Adam en de laatste Adam. Die eerste heeft een begin, die laatste heeft geen einde. Die laatste is in feite ook zelf de eerste, want Hij zegt: "Ik ben de eerste en de laatste" (Openb. 1, 8).

360 - Dankzij zijn gemeenschappelijke oorsprong vormt het menselijk geslacht een eenheid. Want God "deed heel het mensengeslacht uit één ontstaan" (Hand. 17, 26):

Wonderbaarlijke aanschouwing die ons het menselijk geslacht laat zien in de eenheid van zijn oorsprong in God (...); in de eenheid van zijn natuur, bij allen gelijkelijk bestaande uit een stoffelijk lichaam en een geestelijke ziel, in de eenheid van zijn onmiddellijk doel en zijn zending in de wereld; in de eenheid van zijn woonomgeving: de aarde, goederen waarvan alle mensen op grond van het natuurrecht gebruik kunnen maken om het leven te ondersteunen en te ontwikkelen; in de eenheid van zijn bovennatuurlijk doel: God zelf, op wie allen gericht moeten zijn; in de eenheid van de middelen om dat doel te bereiken; (...) in de eenheid van zijn vrijkoping die Christus voor allen tot stand heeft gebracht.

3 - "Man en vrouw schiep Hij hen"

Gelijkheid en verschil, door God gewild

369 - Man en vrouw zijn geschapen, d.w.z. zij zijn gewild door God: in een volmaakte gelijkheid als menselijke personen enerzijds en in hun respectieve man- en vrouw-zijn anderzijds. "Man-zijn", "vrouw-zijn" is een goede en door God gewilde werkelijkheid: man en vrouw hebben een waardigheid die zij niet kunnen verliezen en die zij direct van God, hun Schepper, krijgen. Man en vrouw zijn met een zelfde waardigheid: "als het beeld van God". In hun "man-zijn" en hun "vrouw-zijn" weerspiegelen zij de wijsheid en de goedheid van de Schepper.

"De een voor de ander" en "één eenheid in twee"

371- Samen geschapen, zijn man en vrouw voor elkaar gewild door God. Gods woord geeft ons dit te verstaan in verschillende passages van de gewijde tekst: "Het is niet goed dat de mens alleen blijft. Ik ga een hulp voor hem maken die bij hem past" (Gen. 2, 18). Geen van de dieren is in staat voor de mens een partner te zijn (Gen. 2, 19-20). De vrouw die God "vormt" uit de van de man genomen rib en die Hij naar de man brengt, doet de man een kreet van bewondering slaken, een uitroep van liefde en gemeenschap: "Been van mijn gebeente en vlees van mijn vlees" (Gen. 2, 23). De man ontdekt de vrouw als een ander "ik", als iemand met dezelfde menselijke natuur.

372 - Man en vrouw zijn "voor elkaar gemaakt". niet dat God ze slechts "half" of "onaf" gemaakt zou hebben; Hij heeft hen geschapen om een gemeenschap van personen te vormen, waarbij ieder een "hulp" voor de ander kan zijn, omdat zij tegelijkertijd als persoon gelijk zijn ("been van mijn gebeente...") en elkaar als mannelijk en vrouwelijk wezen aanvullen. In het huwelijk verenigt God hen en wel zo dat ze door "volkomen één te worden" (Gen. 2, 24) het menselijk leven kunnen doorgeven: "Weest vruchtbaar en wordt talrijk, bevolkt de aarde" (Gen. 1, 28). Door aan hun afstammelingen het menselijke leven door te geven werken man en vrouw, als echtgenoten en ouders, op een unieke manier mee aan het werk van de Schepper.

4 - De mens in het paradijs

374 - De eerste mens is niet alleen als van nature goed geschapen, maar hij werd in een staat van vriendschap met zijn Schepper geplaatst en van harmonie met zichzelf en de schepping rondom hem. Deze waarden zijn alleen overtroffen door de heerlijkheid van de nieuwe schepping in Christus.

375 - Wanneer de kerk op authentieke wijze de symboliek van de taal van de bijbel in het licht van het Nieuwe Testament en de overlevering uitlegt, leert zij dat onze eerste ouders Adam en Eva in een staat van "oorspronkelijke heiligheid en gerechtigheid" gesteld waren. Deze genade van oorspronkelijke heiligheid was "een deel hebben aan het goddelijk leven".

376 - Door de uitstraling van deze genade werd het leven van de mens in al zijn dimensies gesterkt. Zolang de mens een innig contact met God bleef houden, hoefde hij noch te sterven, noch te lijden. De innerlijke harmonie nu van de menselijke persoon, de harmonie tussen man en vrouw, de harmonie tenslotte tussen het eerste mensenpaar en heel de schepping was de staat die "oorspronkelijke gerechtigheid" genoemd wordt.

377 - Het "heersen over" de wereld dat God de mens vanaf het begin toegestaan had, kwam vooral bij de mens zelf tot stand als beheersing van zichzelf. De mens was ongerept en geordend in heel zijn wezen, omdat hij vrij was van de drievoudige begeerte die hem onderwerpt aan het begeren van het vlees, aan de begeerte naar aardse goederen (het begeren der ogen) en aan de zelfbevestiging tegen hetgeen het verstand voorschrijft, in.

378 - Als teken van de vertrouwelijke omgang met God plaatste God hem in de tuin van Eden. De mens leeft er "om de grond te bewerken en te beheren" (Gen. 2, 15): het werk is geen moeizame inspanning, maar een samenwerking van de man en de vrouw met God bij de vervolmaking van de zichtbare schepping.

379 - Het is heel deze harmonie van de oorspronkelijke gerechtigheid, in Gods heilsplan voor de mens voorzien, die door de zonde van onze stamouders verloren zal gaan.

IN HET KORT

380 - God, "Gij hebt de mens gemaakt naar uw beeld en hem de zorg over de gehele aarde opgedragen, opdat hij in gehoorzaamheid aan zijn Schepper over alle schepselen zou bevelen".

381 - De mens is voorbestemd om het beeld van de mensgeworden Zoon van God - "beeld van de onzichtbare God" (Kol. 1, 15) - opnieuw tegenwoordig te stellen, opdat Christus de eerstgeborene is onder vele broeders en zusters.

382 - De mens is "één naar lichaam en ziel". De geloofsleer stelt dat de geestelijke en onsterfelijke ziel direct door God geschapen wordt.

383 - "God heeft de mens niet geschapen om alleen te zijn. Reeds bij het begin 'heeft Hij hen geschapen als man en vrouw' (Gen. 1, 27); de vereniging van deze twee is de eerste vorm van een gemeenschap van personen".

384 - De openbaring heeft ons kennis doen nemen van de staat van de oorspronkelijke heiligheid en gerechtigheid van man en vrouw vóór de zondeval: uit hun vriendschap met God vloeide het geluk van hun bestaan in het paradijs voort.

VII - De zondeval

1 - Waar de zonde heeft gewoekerd, werd de genade mateloos

De realiteit van de zonde

386 - De zonde is in de geschiedenis van de mens aanwezig: het zou een nutteloze poging zijn haar te ontkennen of aan deze duistere realiteit andere namen te geven. Om te proberen te begrijpen wat de zonde is, moeten wij eerst de innige band tussen God en de mens erkennen, want buiten deze relatie wordt het kwaad van de zonde niet ontmaskerd in zijn ware hoedanigheid van afwijzing van en verzet ten opzichte van God, terwijl dit kwaad blijft drukken op het leven van de mens en de geschiedenis.

387 - De realiteit van de zonde, en meer in het bijzonder van de erfzonde, wordt slechts duidelijk in het licht van de goddelijke openbaring. Zonder de kennis die zij ons over God geeft, kan men de zonde niet duidelijk herkennen en is men geneigd haar alleen maar te verklaren als: een gebrek aan groei, als een psychologische zwakte, een fout, het noodzakelijk gevolg van een ontoereikende maatschappelijke structuur. Alleen in het licht van de kennis van Gods heilsplan voor de mens begrijpt men dat de zonde een misbruiken is van de vrijheid die God geeft aan mensen, die geschapen zijn om Hem en elkaar te kunnen beminnen.

De erfzonde - een wezenlijke geloofswaarheid

388 -Met het voortschrijden van de openbaring wordt ook de realiteit van de zonde duidelijk gemaakt. Hoewel Gods volk uit het Oude Testament het verdriet in het menselijk bestaan bezien heeft in het licht van het verhaal van de zondeval in Genesis, kon het de uiteindelijke betekenis van dit verhaal, die pas in het licht van de dood en de verrijzenis van Jezus Christus duidelijk wordt, niet begrijpen.

Men moet Christus kennen als de bron van genade om Adam te herkennen als de bron van zonde. De Geest, de Helper, gezonden door de verrezen Christus, Hij is het die gekomen is "om de wereld te overtuigen van wat zonde is" (Joh. 16, 8) door Hem die haar Verlosser is, te openbaren.

3 - *De erfzonde*

De eerste zonde van de mens

397 - De mens heeft, door de duivel verleid, in zijn hart het vertrouwen jegens zijn Schepper laten sterven en door van zijn vrijheid misbruik te maken is hij ongehoorzaam geweest aan het gebod van God. Daarin bestaat de eerste zonde van de mens. Iedere zonde zal dientengevolge ongehoorzaamheid aan God zijn en een gebrek aan vertrouwen in zijn goedheid.

398 - In de zonde heeft de mens zichzelf boven God gesteld en daardoor God geminacht: hij heeft voor zichzelf gekozen tegen God, tegen hetgeen van hem als schepsel gevraagd werd, en sindsdien, tegen hetgeen goed voor hemzelf was. In een staat van heiligheid gesteld, was de mens om door God voorbestemd ten volle "vergoddelijkt" te worden in heerlijkheid. Door de verleiding van de duivel heeft hij "als God willen zijn", maar "zonder God en voor God, en niet overeenkomstig God".

399 - De Schrift toont de dramatische gevolgen van deze eerste ongehoorzaamheid. Adam en Eva verliezen onmiddellijk de genade van de oorspronkelijke heiligheid. Zij zijn bang voor deze God van wie zij een verkeerd beeld hebben, het beeld van een God die angstig waakt over zijn voorrechten.

400 - De harmonie waarin zij dankzij de oorspronkelijke gerechtigheid gevestigd waren, is vernietigd; de macht van de geestelijke vermogens van de ziel over het lichaam wordt teniet gedaan; de eenheid van man en vrouw wordt blootgesteld aan spanningen; hun verhouding zal gekenmerkt worden door begeerte en overheersing. De harmonie met de schepping wordt verbroken: de zichtbare schepping is voor de mens vreemd en vijandig geworden. Door de schuld van de mens is de schepping onderworpen "aan een zinloos bestaan" (Rom. 8, 20). Tenslotte zal het gevolg, uitdrukkelijk aangekondigd voor het geval het vergrijp van ongehoorzaamheid plaatsvindt, werkelijkheid worden: de mens "zal terugkeren naar de grond waaruit hij is genomen" (Gen. 3, 19). De dood doet zijn intrede in de geschiedenis van de mensheid.

De Kerk heeft dus steeds de historische authenticiteit van Genesis bevestigd. Als recente pausen uitspraken hebben gedaan dat er toch een vorm van evolutie zou zijn, en dat de Kerk dit zou erkennen, dan mag men dit enkel interpreteren als een erkenning dat er waarneembare 'evolutie' is binnen het soort-niveau. Dit is bewezen, en staat onomstotelijk vast. Dit betekent echter niet dat ze zouden beweerd hebben dat wij van de apen zouden afstammen, of dat de Neo-Darwinistische evolutietheorie waar zou zijn, want dat zou 2000 jaar Magisterium of Leergezag van de Kerk tegenspreken.

Hoofdstuk 4

Wat de Kerkvaders zeggen

Vele Kerkvaders hebben ook de authenticiteit van Genesis bevestigd, en ze leren ons dat Genesis niet zomaar een verhaal is. Mozes was niet zomaar iemand. Hij was een heilige die sprak met God van aangezicht tot aangezicht op de heilige Berg Sinaï. De H. Ambrosius schreef:

"Mozes sprak tot God de Allerhoogste, niet in een visioen, noch in dromen, maar van mond tot mond (Num. 12:6-8). Klaar en duidelijk, niet in gelijkenissen, noch door raadsels; de gave van de Goddelijke Tegenwoordigheid werd hem geschonken. En Mozes opende zijn mond en sprak wat de Heer sprak binnen in hem, volgens de belofte die Hij hem deed, toen Hij hem beval naar de Farao te gaan: "Daarom, ga, en Ik zal uw mond openen en u ingeven wat gij moet zeggen (Ex. 4:12)."

De Heilige Johannes Chrysostomus (+403) leert ons bovendien dat Moses van God zelf de openbaring ontving omtrent de Schepping, en dit neerschreef in het boek, wat wij nu kennen onder de naam Genesis (*Homilieën over Genesis 2:2*):

"Alle andere profeten spraken ofwel over wat er na lange tijd zou gebeuren, of wat er toen stond te gebeuren, maar hij, de gezegende Mozes, die vele generaties leefde na de schepping van de wereld, werd begenadigd door de leiding van de rechterhand van de Allerhoogste om te uiten wat door de Heer werd gedaan vóór zijn eigen geboorte."

"Het is om deze reden dat hij aldus begint te spreken: "In het begin schiep God hemel en aarde", alsof hij met luide stem tot ons roept: het is niet door de instructie van mensen dat Ik dit zeg; Hij die hen (hemel en aarde) uit het niet-bestaan in het bestaan riep – het is Hij die mijn tong heeft losgemaakt om over hen te vertellen. ***En daarom smeek ik u, laat ons luisteren naar***

deze woorden alsof we niet Moses hoorden, maar de Heer van het universum zelf, Die spreekt door de mond van Mozes, en laten we voorgoed onze eigen opinies varen."

Het is dus geen mythe, en volgens hem ook geen overgeleverd volksverhaal, maar een openbaring van God aan Mozes zelf, zonder gedraai rond de pot. Het is een eenvoudige, maar waarheidsgetrouwe weergave van waargebeurde feiten. Het scheppingsverhaal werd dan ook door vele mystici in de Kerk bevestigd. Zij zagen met hun eigen ogen in een visioen hoe God Zijn scheppingswerk destijds voltrok. Daaronder bevinden zich bekende mystici zoals de Zalige Anna Katharina Emmerick en de Heilige Birgitta van Zweden.

Hoofdstuk 5

Wat de mystici zeggen

5.1 Hildegard van Bingen – 12de eeuw

De 12de-eeuwse Duitse kloosterabdis Hildegard van Bingen ontving verschillende visioenen over Gods mysteriën, waaronder de Schepping. Zij schreef:

"God schiep enkel twee van elk soort schepsel, een mannetje en een vrouwtje, die reeds vruchtbaar waren in hun zaad, en later verspreid werden en zich voortplantten over de hele aarde. Van de bomen en de kruiden maakte Hij geen twee van elke soort, maar verschillende van een type over de hele aarde."

Over de schepping van Adam, schreef zij:

"Toen God Adam creëerde, omgaven goddelijke stralen de kleiachtige substantie, waaruit hij gevormd werd. [...]"

"Nadat God Adam had geschapen, ervoer Adam een sterk gevoel van liefde, toen God een slaap over hem zond. En God creëerde uit zijn rib een figuur om lief te hebben, en zo is de vrouw de liefde van de man. Zodra de vrouw geschapen was, gaf God aan de man het instinct van procreatie, zodat doorheen zijn liefde voor de vrouw hij zonen zou verwekken. Want toen Adam Eva zag, werd hij volledig vervuld van wijsheid, omdat hij vóór zich de moeder zag door wie hij zonen zou verwekken. En toen Eva Adam zag, zag ze hem alsof ze de hemel zag, en zoals de ziel zich verheft wanneer ze het hemelse verlangt, lag haar hoop in de man. En zo ook kan er enkel wederzijdse liefde, en geen andere, tussen de man en de vrouw bestaan."

Net zoals Mozes zag Hildegard dat het werk van de schepping beëindigd was met de schepping van Adam en Eva.

"De voltooiing van de zes verschillende werkdagen, zoals beschreven, wordt de zevende dag genoemd, omdat God al wat hij bereid had voor de Schepping voltooid had. En zo rustte Hij op de zevende dag, en stopte Hij zijn werk, omdat Hij zijn werk op elke manier beëindigd had. God zegende de

zevende dag en heiligde die, omdat Hij op die dag onthield van de werken die Hij gepland had. God zegende de zevende dag met glorie en heiligde die met de eer van een heilige dag, want daarin leeft alle schepping die in overvloed geschapen was. Vandaar prezen alle hemelse engelenscharen en alle verborgen mysteries van het goddelijke hun God voor de voltooiing van het werk van God, want met de zeven gaven van de Heilige Geest had Hij al zijn werk voltooid."

De glorie van de eerste geschapen wereld die aan Hildegard werd getoond, staat in schril contrast met de duisternis die de wereld bedekte na de Zondeval. Ze schreef dat na Adams' val:

"De elementen gehuld waren in complete duisternis; terwijl dit zo duurde, werd Adam in ballingschap gestuurd. Toen hij vervolgens het licht van deze wereld aanschouwde, verheugde hij zich, want hijzelf behoorde tot de duisternis, en in tranen zei hij: 'Ik zal nu anders moeten leven dan God voor mij voorheen had bedoeld!' Zodus vanaf dan begon hij te werken in het zweet. Voordien – voordat Adam en Eva het goddelijk gebod hadden overtreden, schitterden ze met luister zoals de zon, en dat licht vormde hun kleding. Na hun overtreding tegen het goddelijk gebod, schitterden ze niet langer zoals voorheen, maar werden ze verduisterd, en bleven ze in deze duisternis. Toen ze zagen dat ze niet langer schitterden op deze manier, merkten ze dat ze naakt waren en ze bedekten zich met bladeren van een boom, zoals geschreven staat."

En verder zegt ze nog:

"Sinds de mens opstond tegen God, weerstond de schepping hem nu, die aan hem onderworpen moest zijn. En zo rezen alle elementen, die tot dan toe in evenwicht rustten, op, en werden een vreselijk zicht: de schepping die gemaakt was om de mens te dienen had geen enkele weerstand gevoeld tot dan toe; maar toen de mens hoogmoedig in ongehoorzaamheid viel en weigerde God te gehoorzamen, verloor de schepping haar evenwicht en viel ze in onrust. Het heeft de mensheid veel nadelen gebracht..."

5.2 Heilige Birgitta van Zweden – 14de eeuw

De Heilige Birgitta van Zweden hoorde hoe de Heer zijn engelen toesprak. Uit: Hemelse openbaringen, Boek 1- hoofdstuk 26, Over de plaats van de mens in Gods scheppingswerk. Hoe nakomelingschap zonder de zondeval verwekt zou zijn in hemelsbreed verschil met de huidige toestand van vereniging:

"Jullie geven Mij voor mijn hele scheppingswerk een waardig eerbetoon. Maar vertel eens waarom jullie Mij eren voor het menselijk ras wiens schepselen Mij meer dan alle anderen tot woede hebben uitgedaagd? Ik heb ze boven de lagere schepselen gemaakt. Voor geen ander heb Ik zulk een schande geleden als voor de mens en niemand anders heb Ik tegen zo'n hoge prijs vrijgekocht. Welk schepsel buiten de mens houdt zich niet aan zijn natuurlijke orde? Hij bezorgt Mij meer verdriet dan elk ander schepsel. Net zoals Ik jullie tot mijn lof heb geschapen, heb Ik dat met de mens gedaan. Ik gaf hem een lichaam om een geestelijke tempel te zijn en Ik plaatste een ziel erin als van een mooie engel. De menselijke ziel is immers vrijwel identiek aan de macht en kracht van een engel. In deze tempel was Ik zijn God en Schepper, de derde metgezel. Hij was bestemd om van Mij te genieten en vreugde in Mij te vinden. Vervolgens maakte Ik een vergelijkbare tempel uit zijn rib.

Nu mijn bruid, aan wie dit allemaal wordt verteld, misschien vraag je je af hoe zij zonder zonde kinderen konden krijgen. Ik zal het je zeggen: Het bloed van de liefde zou zonder enige schaamteloze lust zijn zaad in het lichaam van de vrouw hebben geplant. Uitsluitend dankzij de goddelijke liefde en wederzijdse genegenheid zou de geslachtsgemeenschap in vuur en vlam zijn gezet. En zo zou de vrouw worden bevrucht. Als eenmaal het kind zonder zonde of wellustig genot was verwekt, zou Ik er uit mijn goddelijkheid een ziel in hebben gezonden. Na de dracht zou zij het kind zonder pijn hebben gebaard. Het kind zou aanstonds, net als Adam, in perfecte staat worden geboren. Maar de mens toonde minachting voor dit voorrecht door aan de duivel toe te geven en een grotere eer te begeren dan die Ik gegeven had. Na hun ongehoorzame daad kwam mijn engel naar ze toe – en ze schaamden zich voor hun naaktheid. Precies op dat moment maakten ze kennis met de begeerte van het vlees en gingen ze honger en dorst lijden. Ook verloren ze Mij, want voor die tijd toen ze Mij nog hadden voelden ze geen honger of vleselijke lust of schaamte."

Deze openbaringen kregen kerkelijke goedkeuring in het Concilie van Basel (1436). De Heer spreekt duidelijk over "scheppingswerk" en "schepsel", niet over evolutiewerk en "geëvolueerd wezen". Hij spreekt ook duidelijk over de letterlijke schepping van Eva uit Adams rib.

5.3 Eerbiedwaardige Maria van Agreda – 17de eeuw

Ook aan de Spaanse kloosterzuster Maria van Agreda maakte God zijn scheppingswerk bekend. De Heilige Maagd Maria verscheen aan haar, en verzekerde haar dat de hemel, de aarde en onze eerste ouders allemaal geschapen werden door Gods wil tijdens de Scheppingsweek. Uit: Stad van God - Boek 1, Hoofdstuk 11:

"In het achtste hoofdstuk van de Spreuken zegt de Wijsheid van zichzelf, dat zij aanwezig was bij de schepping. Zij regelde alles in vereniging met de Allerhoogste (Spr. 8,30). Ik zei reeds eerder dat deze Wijsheid het mensgeworden Woord is, dat met zijn Allerheiligste Moeder in de geest Gods aanwezig was tijdens de schepping van de hele wereld. Want in dat 'moment' was de Zoon niet slechts één in goddelijk wezen met de Vader en de Heilige Geest, doch ook de menselijke natuur die Hij zou aannemen, werd voorzien en geconcipieerd in het goddelijk verstand van de Vader, als het prototype van alle werken. In vereniging met Hem werd ook de menselijke natuur van zijn Allerheiligste Moeder, die Hem in haar allerzuiverste schoot zou dragen, voorzien en geconcipieerd. In deze twee personen werden al Zijn werken voorzien, zodat Hij (sprekende in menselijke termen) wegens deze Twee,

alles wat Hem in de gedragingen der mensen en engelen, die zouden vallen, zou afstoten, over het hoofd kon zien. Want het gedrag van deze twee groepen zou eerder aanleiding zijn geweest om van de schepping van het menselijk ras af te zien en niets te scheppen, dat zou moeten dienen tot hun gebruik.

De Allerhoogste beschouwde Zijn Zoon en diens allerheiligste Moeder als modellen – geproduceerd uit een overvloed van wijsheid en macht, Die konden dienen als prototypen, waarnaar Hij het gehele menselijke ras zou vormen. Zo was de rest der mensheid op deze Twee aangewezen als Middelaars tussen hen en God. Hij schiep ook de materiële wezens, benodigd voor het menselijk leven, maar met zulke wijsheid, dat sommige daarvan tegelijk konden dienen als symbolen. Zij zouden op bepaalde wijze deze twee Wezens, die Hij allereerst in gedachten had gehad, en aan wie alle anderen onderdanig moesten zijn, namelijk Christus en zijn Allerheiligste Moeder, voorstellen. Daarom maakte Hij de hemellichten, de zon en de maan (Gen. 1,16) dusdanig, dat zij door de scheiding van de dag en de nacht te vormen, Christus, de Zon der Gerechtigheid en Zijn heilige Moeder, schoon als de maan (Hoogl. 6,9) zouden symboliseren. Deze twee immers scheiden de dag der genade van de nacht der zonde. De zon geeft haar licht af aan de maan, en beiden, tezamen met de sterren aan het firmament, verlichten alle andere schepselen binnen de grenzen van het heelal. Hij schiep de andere wezens en maakte hen zeer volmaakt, omdat zij onderdanig moesten zijn aan Christus en Zijn heilige Moeder, en door Hen aan de rest van de mensheid. Voordat het heelal uit het niet tevoorschijn trad, maakte Hij het tot een overvloedig en onuitputtelijk feestmaal, gedenkwaardiger dan het feest van Assuerus (Esther 1,3), want Hij wilde de mens scheppen voor Zijn behagen en hem onweerstaanbaar trekken tot de genieting van Zijn kennis en Zijn liefde. Zijn gasten zouden niet moeten wachten; Hij besloot als de meest hoffelijke en milde Gastheer, dat de uitnodiging tot het feestmaal van Zijn kennis en Liefde, één daad zou vormen met de schepping daarvan. De mens zou geen tijd verliezen in het bereiken van dat wat hem het meeste aanging, namelijk het kennen en prijzen van zijn Almachtige Schepper.

Op de zesde dag schiep Hij Adam, alsof Hij 33 jaar oud was. Dit zou de leeftijd zijn, waarop Christus de dood zou ondergaan. Adam was lichamelijk zo gelijk aan Christus, dat er nauwelijks enig onderscheid bestond. Ook wat zijn ziel betrof, was Adam gelijkvormig met Christus. Uit Adam vormde God Eva, zo gelijkvormig aan de Heilige Maagd, dat zij in uiterlijk en figuur op Haar geleek. God zag met het grootste genoegen en welwillendheid neer op deze twee afspiegelingen van de grote Originelen. Ter wille van deze Originelen overstelpte Hij hen met zegeningen. Het was alsof Hij zich, in afwachting van de tijd dat Christus en Zijn Moeder gevormd zouden worden, met hen en hun afstammelingen wilde onderhouden.

Maar de gelukkige staat, waarin God de ouders van het menselijk geslacht had geschapen, duurde slechts kort. De afgunst van de Slang laaide onmiddellijk tegen hen op. Satan had met ongeduld op de schepping gewacht, en zodra zij geschapen waren, werd zijn haat tegenover hen actief. Hij had noch de vorming van Adam, noch die van Eva mogen meemaken, zoals hij de schepping van alle andere dingen had meegemaakt. Want God vond het niet passend hem de schepping van de eerste mens te tonen, noch de vorming van Eva uit een rib van Adam. Al deze dingen werden voor hem enige tijd verborgen gehouden totdat beiden (Adam en Eva) verenigd waren. Maar toen de duivel de bewonderenswaardige aard van de menselijke natuur zag, voortreffelijker dan welk ander schepsel ook, de schoonheid van de zielen en van de lichamen van Adam en Eva, toen hij de vaderlijke liefde van de Heer voor hen aanschouwde, en zag dat Hij hen macht gaf over al het geschapene en hoop op het eeuwige leven, toen werd de woede van de draak tot razernij opgezweept.

Geen tong kan de woede van dit beest beschrijven, noch zijn afgunst, noch de lust die hem bekroop beider leven te nemen. Hij zou dit zeker gedaan hebben met de furie van een getergde leeuw, ware het niet dat hij wist dat een hogere macht hem dit zou beletten. Maar hij beraamde de middelen, die hen uit de genade Gods zouden stoten en hen tot de vijanden van de Allerhoogste zouden maken.

Lucifer zag echter de verhoudingen niet duidelijk. Hij wist dat de Heer hem van het eerste begin af had geopenbaard dat het Woord de menselijke natuur zou aannemen in de schoot van de allerheiligste Maria, maar hij wist niet hoe dit zou geschieden noch op welk tijdstip dit zou plaatsvinden. In overeenstemming hiermee had de Heer de schepping van Adam en de vorming van Eva voor Lucifer verborgen gehouden, zodat hij van het begin af in onwetendheid verkeerde over het mysterie en de tijd van de Menswording.

Aangezien zijn woede en waakzaamheid betreffende Christus en Maria zo apart omzeild waren, vermoedde hij dat Adam was voortgekomen uit Eva, en dat zij de Moeder was en Adam het mensgeworden Woord. Toen hij de macht van God voelde, die hem verhinderde schade toe te brengen aan het leven van deze schepselen, nam zijn vermoeden toe. Aan de andere kant hoorde hij hun gesprekken en vernam daaruit, de voorschriften welke God hen had gegeven. Al luisterend naar de gesprekken van de eerste ouders, verminderden zijn twijfels; hij kreeg inzicht in hun natuurlijke gaven, en begon hen te volgen als een briesende leeuw, al zoekend en speurend naar een zwakke plek in de neigingen, die hij in hen waar nam. Toch twijfelde hij totdat hij door de loop der Verlossing ontgoocheld werd, tussen zijn woede tegen Christus en Maria en zijn angst van door Hen overwonnen te worden. Zijn grootste angst was overwonnen te worden door de Koningin des Hemels, dat gewone schepsel, dat geen God was. Hij vatte moed, toen hij het voorschrift hoorde waar Adam en Eva zich aan te houden hadden. Hij maakte de valstrik gereed en begon met grote voortvarendheid aan het verleidingswerk om zodoende de uitvoering van de goddelijke wil te weerstreven en te verhinderen. Hij benaderde eerst de vrouw en niet de man, want hij wist dat zij een zwakke en tedere natuur had, maar ook omdat hij dan meer zekerheid had dat het niet Christus zelf was die hij zou ontmoeten. Ook was hij het meest vertoornd op haar, speciaal omdat hij het teken in de hemel gezien had en de bedreiging begrepen had die God in dit teken tegen hem had geuit. Voordat hij zich aan haar vertoonde, wekte hij vele verontrustende gedachten en voorspiegelingen in haar op, zodat hij haar kon benaderen als zij zich in een staat van opwinding of verstrooidheid bevond.

Maar omdat ik hierover op een andere plaats heb geschreven, wil ik niet dieper ingaan op de kracht en de onmenselijkheid van deze bekoring. Laat het genoeg zijn voor mijn doel te herhalen wat de H. Schrift hierover zegt: dat hij de vorm aannam van een slang (Gen. 3,1). Aldus vermomd, sprak hij tot Eva en lokte een gesprek met haar uit, dat zij nooit had mogen toestaan. Zij luisterde naar hem, antwoordde hem en begon hem te geloven. Toen overtrad zij het gebod van God en haalde zij haar man over hetzelfde te doen. Zo gingen zij en wij onze ondergang tegemoet; voor henzelf en voor ons verloren zij de geluksstaat waarin God hen had geplaatst.

Toen Lucifer de twee gevallenen zag en aanschouwde hoe hun innerlijke schoonheid en hun genadestaat was veranderd in de afzichtelijkheid van de zonde, vierde hij zijn triomf met ongelofelijke vreugde en pochte daarop tegenover zijn duivels. Maar zijn trotse overmoed kwam spoedig ten einde toen hij – tegen zijn verwachtingen in – zag hoe minzaam de barmhartige liefde van God zich ontfermde over de schuldigen en hoe Hij hen een kans gaf om boete te doen, hen hoop gaf op vergiffenis en terugkeer der genade. Daarenboven zag hij hoe zij stonden tegenover deze vergiffenis, hoe bedroefd zij waren en welk berouw zij toonden, en hoe de schoonheid der heiligmakende genade hen teruggegeven werd. Toen de duivels de uitwerking van het berouw zagen, was er wederom grote verwarring in de Hel. Lucifers ontsteltenis groeide toen hij het vonnis vernam dat God over de schuldigen, waartoe hij zelf behoorde, uitsprak. Meer in het bijzonder en boven alles werd hij gekweld door de bedreiging: "De Vrouwe zal uw kop verpletteren" (Gen. 3,15), de bedreiging welke hij reeds in de Hemel gehoord had.

Na de zondeval vermenigvuldigden zich de kinderen van Eva, en zo ontstond het verschil en de vermeerdering van de goeden en de kwaden, de uitverkorenen en de verworpenen, van hen die Christus, de Verlosser, volgden en de anderen, die volgelingen van Satan werden. De uitverkorenen blijven trouw aan hun Leider door geloof, deemoed, liefde, geduld en alle andere deugden, en opdat zij de overwinning zullen kunnen behalen, worden zij ondersteund, geholpen en mooi gemaakt door goddelijke genaden en gaven die de Verlosser en Heer van allen voor hen heeft verdiend. Maar de verworpenen verkrijgen deze gaven van hun valse leider niet. Zij verkrijgen als beloning slechts de eeuwige zielenpijn en de verwarring van de Hel; zij volgen hun leider met grote trots, verwaandheid, onzedelijkheid en zondigheid, in deze wanorde geleid door de vader der leugen, de 'vader' van de zonde.

Niettegenstaande dit alles, gaf de Allerhoogste, in Zijn onuitsprekelijke goedheid, onze eerste ouders zijn zegen, opdat het menselijk geslacht kon groeien en zich vermenigvuldigen (Gen. 4,3). De allerhoogste Voorzienigheid liet toe, dat Eva in de onrechtvaardige Kaïn een toonbeeld van de kwade vruchten der zonde voortbracht en in de onschuldige Abel, zowel in uiterlijk als in navolging, het beeld van Christus, onze Heer. Want in de eerste rechtvaardige begonnen de wet en de leer van Christus hun uitwerking te tonen. Alle komende rechtvaardigen zouden zijn voorbeeld navolgen. Zij zouden lijden omwille van de gerechtigheid (Matt. 10,22), zij zouden gehaat en vervolgd worden door de zondaars en de verworpenen, én door hun eigen broeders. Zo vertoonden zich geduld, deemoed en zachtheid in Abel, en afgunst en zondigheid in Kaïn, tot voordeel van de rechtvaardigen, en tot zijn eigen ondergang. De zondaars vieren triomfen, de rechtvaardigen lijden, dat is het schouwspel, dat de wereld in haar loop tot op de huidige dag vertoont. Het Jeruzalem van hen, die God vrezen en het Babylon van de goddelozen staan ieder met eigen leider en hoofd tegenover elkaar."

Deze openbaringen kregen verschillende malen imprimatuur (o.a. in 1949), wat wil zeggen dat ze niet in strijd werden bevonden met de H. Schrift.

5.4 Zalige Anna K. Emmerick – 19de eeuw

De zaligverklaarde gestigmatiseerde Duitse Augustines Anna Katharina Emmerick (†1824) zag hoe Adam en Eva werden geschapen in de toen paradijselijke aarde, en hoe het genieten van de verboden vrucht hen uit het Paradijs verjoeg naar de vervloekte aarde: de boete-aarde. Zij zag dus Genesis hoofdstuk 1 en 2 als zijnde een letterlijke gebeurtenis vóór zich afspelen. Uit: Geheimen van het Oud Verbond:

Schepping Adam en Eva

"Ik zag hem (Adam) glanzend en wit uit een hele aardheuvel tevoorschijn komen, als uit een vorm. De zon scheen, en ik dacht, daar ik het zag als kind, de zon straalt Adam uit de berg tevoorschijn. Hij werd als uit de aarde geboren, die een maagd was. God zegende haar en zij werd zijn moeder. Hij trad niet plots uit de aarde, het duurde enige tijd vooraleer hij tevoorschijn trad. Hij lag in de heuvel op zijn linkerzijde, de arm over het hoofd geslagen, en was met een lichte nevel als met een sluier bedekt. Ik zag een figuur in zijn rechterzijde en het werd me ingegeven dat het Eva was, die in het Paradijs door God uit hem tevoorschijn werd getrokken. God riep hem, en het was als opende de aardheuvel zich en Adam trad stilaan naar voor. Er waren geen bomen, maar slechts kleine bloemen rondom. Ook de dieren had ik als enkelingen uit de aarde tevoorschijn zien komen en de vrouwelijke zich daaruit afzonderen.

Ik zag dat Adam zeer ver naar een hoog liggende tuin, het Paradijs, gedragen werd. God stelde hem in het Paradijs de dieren voor. Adam gaf ze een naam, ze volgden hem en speelden met hem. Alles diende hem vóór de zonde. Eva was nog niet uit hem gevormd. Al die dieren, die hij benoemde, gingen hem later op de aarde achterna. Ik zag Adam in het Paradijs, niet ver van de bron in het midden van de tuin, als uit de slaap opstaan tussen bloemen en kruiden. Hij was witglanzend; zijn lichaam had echter naar het scheen, meer van het zinnelijke dan van een geest. Hij verwonderde zich over niets, ook niet over zichzelf, en ging, als was hij aan alles gewoon, tussen de bomen en de dieren, zoals iemand die zijn velden overschouwt.

Ik zag Adam aan de heuvel bij de boom aan het water op zijn linkerzijde liggen met zijn linkerhand onder zijn wang. God zond slaap over hem en hij was verzonken in visioenen. Daar trok God uit de rechterzijde van Adam, Eva ter plaatse tevoorschijn, waar de zijde van Jezus door de lans geopend werd.

Ik zag Eva fijn en klein. Zij werd snel groter, tot ze volledig groot en schoon was. Zonder de zondeval zouden alle mensen zo in zachte slaap geboren geworden zijn. De heuvel week uit elkaar en ik zag aan de zijde van Adam een rots ontstaan als van kristalvormige edelstenen; aan de zijde van Eva echter een wit dal met fijn wit stuifmeel bedekt. Als Eva gevormd was, zag ik dat God iets aan Adam gaf of liet toevloeien. Het was als stroomde uit God, onder mensenvorm, uit voorhoofd, mond, borst en handen lichtstromen die zich verenigden in een lichtbol, die in de rechterzijde van Adam ging, waaruit Eva genomen was. Alleen Adam ontving dat. Het was de kiem van Gods zegen. In die zegen was een drievuldigheid; de zegen die Abraham van de engel ontving was er één in dezelfde vorm, maar die scheen niet zo lichtend.

Eva stond rechtop voor Adam, en deze gaf haar de hand. Ze waren als twee kinderen, onuitsprekelijk schoon en edel. Ze waren helemaal glanzend, met stralen bekleed als met een sluier. Uit de mond van Adam zag ik een brede lichtstroom glanzen en op zijn voorhoofd als een aureool van majesteit. Rond zijn mond was een stralenzon, rond de mond van Eva niet. Het hart zag ik ongeveer zoals nu in de mensen, de borst nochtans was met stralen omgeven en midden in het hart zag ik een lichtende glorie en daarin een klein beeld, als hield het iets in de hand. Ik meen, dat daardoor de derde Persoon van de Godheid beduid werd. Ook uit hun handen en voeten zag ik lichtstralen vloeien. Hun haar viel in vijf lichtende stralenbundels van het hoofd neer, twee over de slapen, twee achter de oren gaand, en één naar het achterhoofd. Ik heb altijd de overtuiging gehad, dat door de wonden van Jezus, deuren in het menselijk lichaam geopend werden, die door de zondeval gesloten waren geworden, en dat Longinus in de zijde van Jezus de deur van de wedergeboorte tot een eeuwig leven geopend heeft. Daarom is niemand in de Hemel binnengegaan vooraleer die deur geopend werd.

De lichtende stralenbundel op het hoofd van Adam zag ik als zijn overvloed, zijn glorie, de voltooiing der andere uitstralingen. En die glorie herneemt haar plaats bij de verheerlijkte zielen en lichamen. Ons haar is de gevallen, getaande, verstarde glorie, en zoals ons huidige haar tot de stralen, zo is de verhouding van ons huidige lichaam tot het lichaam van Adam vóór de val. De stralenzon rond de mond van Adam had betrekking op de Zegen van een heilig nakomelingenschap uit God, die zonder de zondeval door het Woord zou bewerkt geworden zijn. Adam reikte Eva de hand; zij gingen van het schone oord waar Eva ontstond door het Paradijs; alles beziend en er vreugde aan belevend. Dat oord was het hoogste in het Paradijs, alles was glans en licht, daar zelfs meer dan waar ook.

Boom des levens en de boom der kennis van goed en kwaad

Midden in de lichtende tuin zag ik een water en daarin een eiland, dat aan één kant door een dam met het land verbonden was. Dat eiland en die dam waren vol schone bomen, maar in het midden van het eiland stond een schoner boom, die alle andere overtrof en ze om het zo te zeggen beschutte. Zijn wortel was de bodem van het eiland. Hij overdekte het eiland en nam van een grote breedte geleidelijk af tot een fijne spits. Zijn takken strekten zich horizontaal uit, en van daaruit stegen terug twijgen gelijkend op kleine bomen de hoogte in. De bladeren waren fijn, de vruchten waren geel en zaten in een bladhuls als een ontluikende roos. De boom had iets van een ceder. Ik herinner mij niet, hetzij Adam noch Eva noch een dier op dat eiland bij die boom ge zien te hebben, wel echter zeer schone edele witte vogels, die ik in zijn takken hoorde zingen. Die boom was de boom des levens.

Vlak voor de dam, die naar het eiland leidde, stond de boom der kennis van goed en kwaad. De stam was met schubben bezet gelijk de palmbomen; de bladeren groeiden onmiddellijk uit de stam, waren zeer groot en breed en van vorm als schoenzolen. Vooraan in de bladeren hingen de vruchten verborgen met vijf in een tros samen, één vooraan en vier rond de steel. Die gele vrucht had weinig het uitzicht van een appel, ze was meer peervormig of vijgachtig van vorm, had vijf ribben en het hart geleek op een navel.

De zonde en haar gevolgen – de zondeval

Ik zag, hoe Adam en Eva voor de eerste maal door het Paradijs wandelden. De dieren kwamen hen tegen en begeleidden hen; ze hadden meer met

Eva te doen dan met Adam. Eva was bovendien meer met de aarde en de schepselen begaan, zij keek meer omlaag en rond zich en scheen nieuwsgieriger. Adam was stiller en meer tot God in de hoge gericht. Onder alle dieren was er nochtans één dat zich meer aan Eva hechtte, dan de anderen, het was een ongewoon vriendelijk, vleiend en lenig dier, ik ken er geen waarmee ik het vergelijken kan. Het was heel glad en dun en het was als had het geen beenderen; zijn achterpoten waren kort en het liep rechtop. Het had een spitse staart die tot op de grond hing; bovenaan, bijna aan de kop had het korte kleine poten. De kop was rond en ongewoon verstandig; het had een fijne beweeglijke tong. De kleur van het onderlijf, de borst en de hals waren witgeel, en de ganse rug was bruin gevlekt, bijna zoals een paling. Zijn grootte was ongeveer die van een zesjarig kind. Het was steeds rond Eva en zo vleiend en sierlijk, zo beweeglijk en hier en daar wijzend, zodat Eva er groot genoegen in had. Dat dier had voor mij nochtans iets verschrikkelijks, en ik zie het nog steeds duidelijk voor ogen. Ik zag niet, dat het Adam of Eva heel dicht benaderde. Ik zag de eerste mensen geen dier benaderen; waren de dieren vertrouwelijker tot de mensen, toch hielden ze zich meer op afstand.

Toen Adam en Eva weer terug op de glanzende plaats terugkeerden, trad een lichtende gestalte op hen toe, zoals de majestatische man met witglanzend haar van voorheen; hij scheen rondom wijzend met korte woorden hen alles over te geven en iets te bevelen. Zij waren niet bang, maar luisterden onbevreesd toe. Toen hij verdween, schenen zij meer tevreden, gelukkiger, ze schenen meer te verstaan en meer orde in alles te vinden; daarom voelden ze zich nu dankbaar, Adam echter meer dan Eva, die meer aan dat geluk en die dingen dacht dan aan dankbaarheid. Ze was niet zo verdiept in God zoals Adam, zij was meer met haar ziel naar de natuur gericht. Ik denk dat ze driemaal door het Paradijs gewandeld hebben.

Nu zag ik Adam dankbaar en in bewondering terug op de lichtende heuvel, waar hij uit de slaap gerukt werd, toen God de vrouw uit zijn zijde vormde. Adam stond alleen onder de bomen. Ik zag Eva, die de boom der kennis benaderde, als wilde ze voorbijgaan. Het dier was terug bij haar en nog vleiender en beweeglijker, en ze was gans ingenomen door de slang en had er groot welbehagen in. De slang kroop nu zo hoog op de boom dat haar kop ter hoogte kwam van het hoofd van Eva, ze hield zich met de poten vast aan de stam, wendde de kop naar Eva's hoofd zeggende: "wanneer je van de vrucht van de boom zou eten, zou je vrij zijn en geen slaven meer zijn en weten, welke de aard van uw vermenigvuldiging is." Ze hadden zopas het woord van hun vermenigvuldiging ontvangen; maar ik vernam dat ze nog niet wisten hoe God het wilde, en dat hadden ze het geweten en waren ze toch in zonde gevallen, de Verlossing niet mogelijk zou zijn geweest. Eva was steeds meer nadenkend en begeriger naar wat het dier zegde; er ging iets in haar om, dat haar kleiner maakte, ik kreeg het benauwd. Nu keek ze naar Adam, die nog steeds rustig onder de boom stond, en riep hem, en hij kwam. Eva ging hem tegen, en keerde terug, als wilde ze de boom voorbijgaan, maar ze naderde van links en stond eronder, bedekt door de lange neerhangende bladeren. De boom was van boven breder dan onderaan en brede bladtwijgen hingen diep naar de grond toe. Waar Eva stond, hing een bijzonder schone vrucht.

Toen Adam kwam, vatte Eva hem bij de arm en wees naar het sprekende dier, en Adam luisterde ook. Daar zij hem bij de arm vatte, raakte zij hem voor de eerste maal aan, hij raakte haar niet aan, rond haar werd het duisterder. Ik zag dat het dier de vrucht toonde, maar niet waagde die voor Eva te plukken. Toen echter Eva naar de vrucht verlangde, plukte het dier de vrucht en reikte die aan Eva. Het was de middelste en schoonste vrucht van vijf samenhangende vruchten. Ik zag dat Eva nu met de vrucht tot Adam ging en hem die gaf, en dat zonder die toestemming de zonde niet zou gebeurd zijn. Ik zag, als viel de vrucht in stukken in de hand van Adam en als zag hij er beelden in. Het was als werden zij bewust van wat ze niet moesten weten. Het binnenste van de vrucht was bloedkleurig met aderen doortrokken. Ik zag dat ze verduisterden en ineen stortten. Het was als, verbleekte de zon ook. Het dier daalde van de boom, ik zag het op zijn vier poten weglopen. Een eten van de vrucht heb ik niet gezien; maar de vrucht verzwond tussen hen.

Ik zag dat Eva reeds zondigde, terwijl de slang op de boom zat, want haar wil was bij de slang. Ik ondervond daarbij, wat ik niet volkomen vermag weer te geven. Het was, als ware de slang het wezen en het beeld geweest van haar wil, zoals een wezen, waarmee ze alles kon bereiken. Daarin voer Satan. Door het genieten van de verboden vrucht, was de zonde niet voltrokken, maar deze vrucht van de boom, die zijn takken naar de aarde neerbuigt en steeds opnieuw op zulke wijze nieuwe planten afwerpt, die ook zo doen, ook na de val, bevatte het begrip van eigenmachtige voortplanting, een zinnelijk van God verwijderd inplanten in zich. Zo sproot uit hun genot, met de ongehoorzaamheid, de scheiding tussen God en het schepsel en meteen de voortplanting in en door zichzelf en de persoonlijke begeerte, in de menselijke natuur. Deze in het vruchtgebruik van het in zich opgenomen begrip van de vrucht had als gevolg de omkering, de vernedering, de natuur, de zonde en de dood.

De zegen

Vóór de zonde waren Adam en Eva gans anders gemaakt dan wij, ellendige mensen, het nu zijn. Met de verboden vrucht namen zij het materialistische in zich op, wat geestelijk was, werd zinnelijk gemaakt, zaak, werktuig, vat. Vroeger waren ze één met God, verenigd met God, nu zijn ze gescheiden met eigen wil, en die eigenwil is zelfgenoegzaamheid, zondelust, onreinheid. De mens is geschapen om de rijen van de gevallen engelen aan te vullen. Zonder de zondeval had hij zich slechts vermeerderd tot het volle getal van de engelen bereikt was en zou de schepping voleindigd geweest zijn. Hadden Adam en Eva slechts één generatie zonder zonde geleefd, dan hadden zij niet meer kunnen vallen.

Boete-aarde

Na een korte tijd zag ik Adam en Eva in grote treurigheid ronddwalen. Ze waren duister, gingen gescheiden, als zochten zij iets dat ze verloren hadden. Ze schaamden zich voor elkaar. Bij elke schrede zakten zij dieper naar beneden, het was als week de grond, en waar zij gingen, werd het troebel, de gewassen verloren hun glans, werden als grauw en de dieren vluchtten. Ze zochten echter grote bladeren en maakten een krans rond de lenden en dwaalden steeds gescheiden.

Toen zij tamelijk lang zo gevlucht hadden, was de glanzende streek waar ze uitgegaan waren, reeds als een verre berghoogte, en ze verborgen zich, gescheiden, onder de struiken van een donkere vlakte. Daar riep hen een stem uit de hoogte; zij kwamen echter nog niet te voorschijn, werden nog banger, vluchtten nog verder, zich dieper wegstekend. Dat deed me veel leed. De Stem echter, werd strenger; zij hadden zich gaarne nog dieper verstopt, maar ze werden gedwongen naar voor te komen. De indrukwekkende, glanzende gestalte verscheen; zij traden naar voor met neergebogen hoofd en keken de Heer niet aan; maar ze bekeken elkaar en beschuldigden zich wederzijds. Nu wees hij hen nog dieper een vlakte aan, waar bomen en struiken stonden en daar werden zij deemoedig en beweenden eerst echt hun ellendige staat. Toen ze alleen waren, zag ik hen bidden. Ze zonderden zich af van elkaar, wierpen zich op de knieën, hieven de handen omhoog, weenden en kermden. Toen ik dat zag, voelde ik hoe weldadig de afzondering in gebed is. Ze waren met een gewaad bedekt. Het bedekte het lichaam tot over de schouders en reikte tot de knieën. Rond de lenden gordden ze zich met een stevige bast. Terwijl ze verder vluchtten, scheen het Paradijs achter hen weg te trekken, gelijk een wolk. Er kwam echter een vurige ring van de hemel, zoals men een halo rond de zon of de maan ziet, en legde zich rond de hoogte, waar het paradijs was geweest.

Ze hadden slechts één dag in het Paradijs vertoefd. Het Paradijs zie ik nu van ver als een klif onder de zon, als ze opgaat. Als ik het zie rijst het aan het einde van de klif. Het ligt ten oosten van de profetenberg, omhoog waar de zon opgaat, en schijnt mij steeds als een ei zwevend over onbeschrijfelijk klaar water, waardoor het van de aarde gescheiden is, en het is als ware de profetenberg een voorgeborgte ervan. Men ziet op die wondergroene oorden en daartussen, diepe afgronden en ravijnen vol water. Ik heb reeds mensen gezien die op de profetenberg stegen, zij zijn echter niet ver geraakt. Ik zag Adam en Eva op de boete-aarde aankomen. Het was een onbeschrijfelijk roerende aanblik de beide boetende mensen op de naakte grond. Adam had een olijftak uit het paradijs mee mogen nemen, die hij hier plantte. Ik zag dat het kruis later uit dat hout getimmerd werd. Ze waren onbeschrijfelijk bedroefd. Gelijk ik ze daar zag, konden zij het paradijs met moeite nog zien. Ze hadden altijd maar gedaald; en het was ook als keerde zich iets om, en ze kwamen door nacht en duister aan het treurige oord van de boete."

Haar visioenen kregen reeds kort na haar dood (o.a. in 1846) imprimatuur, wat wil zeggen dat ze niet in strijd werden bevonden met de Leer van de Kerk en de H. Schrift.

5.5 Leonie Van den Dijck – 20ste eeuw

De gestigmatiseerde Leonie Van den Dijck uit het Vlaamse Onkerzele (†1949) kreeg in de eerste helft van de vorige eeuw verschillende visioenen betreffende de schepping van de mens. Zeer opvallend is dat deze bijna identiek zijn aan de visioenen van de Zalige A.K. Emmerick, hoewel zij van haar bestaan en haar visioenen niet afwist. Uit: Het wonderbare leven van Leonie Van Den Dijck (de notities van Gustaaf Schellinck): Deel V: Leonie's grote visioenen over het heelal en de vroegste menselijke geschiedenis; 1ste hoofdstuk: De schepping van Adam en Eva. De zondeval:

1.1 De schepping van alles uit het niet door Gods zuivere wilsdaad.

"Als God het heelal schiep, had Hij daarvoor niets nodig. Zijn wil was voldoende. Wat Hij wilde, was er en gebeurde. Het heelal waarover reeds zoveel geschreven is, is voor de mens onvatbaar en onberekenbaar in zijn oneindigheid. God heeft aan het heelal en aan al wat zich daarin bevindt, wetten gegeven, zodat al wat zich daarin beweegt door Hem gewild en geordend is. Omdat alles alzo gewild en geordend is, is er of kan er zelfs nooit sprake zijn van gelijk welke afwijking ook, omdat al wat zich in het heelal bevindt, met vaste hand geleid wordt. De geleerden willen daarin doordringen en de oneindigheid ervan beperken, en wanneer dan iets onverwachts gebeurt dat ze niet voorzien hebben, weten ze evenwel vlug daarop een antwoord te geven, met hun waarom en waarvoor, alhoewel ze op voorhand niets wisten te zeggen. Het gaat er dus voor hen niet om, Gods werken en zijn Almacht in deze te bewonderen, maar om Zijn werken te ontleden en te becijferen.

Ook de Aarde waarop wij leven maakt deel uit van het heelal. Hoe groot of hoe klein ze ook mag zijn, de aarde werd door God voorbestemd tot verblijfplaats voor de mens. Op school wordt geleerd dat God Hemel en Aarde schiep op zes dagen. Onze moderne geleerden, die hun broek op de schoolbanken versleten, willen nu ook de duur van deze dagen berekenen. De mens is van nature uit, omwille van de zondeval, in heel zijn doen en streven onzeglijk begrensd, maar hij kan noch wil verstaan dat ook zijn verstand begrensd is en blijft. De mens berekent en cijfert op zijn manier, onvolmaakt, naar de onvolmaakte maatstaven die hij zelf ontworpen heeft, maar die totaal verschillen van de werkelijkheid die hij wil meten. Of het in de schepping over dagen gaat of jaren, zal nooit achterhaald worden, omdat er wel voor de mensen jaren en dagen bestaan, maar niet voor God. God kent geen tijd. Wat gezegd en vooropgesteld wordt zijn slechts gedachten, meningen, maar tussen deze en de werkelijkheid is er ook een oneindig verschil. Als Gods wil alleen voldoende was om het heelal te scheppen, dit is te scheppen en dus van niets te maken, was Gods wil ook voldoende om het firmament, het licht, Aarde, Maan en sterren, mensen en dieren te scheppen. God schiep alles opdat zijn schepselen Hem in het geschapene zouden verheerlijken, en de Aarde schiep Hij om de mens! Het gezond verstand weet dat wel, maar de mens met zijn hoogmoed bestaat ook, en de hoogmoed is duivels en de duivels streven er naar om de mens te krijgen waar zijzelf nu voor altijd gestraft zijn. Na het Laatste Oordeel zal de Aarde niet verdwenen zijn, maar ongeschikt geworden zijn voor de mens van heden, maar ze zal door het ingrijpen van Gods Almacht omgevormd, geheiligd en veredeld worden voor de geheiligde en veredelde mens."

1.2. God schept de eerste mens. De kiem. Instorting van de ziel. Adam en Eva in het Paradijs. De dieren en de boom des levens.

"Eerst vertelde Leonie mij over het Aards Paradijs, dat niet is zoals de mensen zich dat inbeeldden. Het was bestemd om volmaakte schepselen tot lust en verblijf te dienen. Toen zij mij over de schepping van Adam en Eva sprak, vertelde ze me hoe ze zich alsdan op een plaats bevond waar er een glooiing was. Plots zag ze een engel, op Gods bevel, iets in die glooiing van de bodem steken, dat hij tussen duim en wijsvinger hield. Leonie is nadien verschillende malen op deze plaats terug geweest, want ze vertelde me dat ze eerst de kiem tot een klein wezentje had zien ontwikkelen, terwijl ze de volgende maal reeds een klein lichaam ontwaarde. En iedere maal was het

lichaam reeds groter geworden, tot op het ogenblik dat het de gestalte van een volwassen man had aangenomen.

Ze was ook op deze plaats op het ogenblik dat in tijd overeenstemt met de dracht van een normaal kind en toen zag ze dat de grond ter plaatse reeds gebarsten of gescheurd was, terwijl intussen de grond verder openkloof. Plots werd het lichaam van Adam uit de aarde gestoten of geworpen, en niet de engel, maar meerdere engelen, vingen het lichaam op en voerden het naar het Paradijs en legden het daar tussen de planten neer. Tussen het uitwerpen uit de aarde en het neerleggen in het Paradijs, was geen enkel teken van leven uit het lichaam gekomen. Adam scheen te slapen. Het is me onmogelijk te zeggen hoeveel tijd er zou verlopen zijn tussen het ogenblik dat Adam er werd neergelegd en het ogenblik dat Leonie hem zich zag oprichten. Over deze duur heeft ze mij niets gezegd. Ook niet over het feit dat de ziel aldaar zou ingestort zijn in zijn lichaam. Ze zei enkel, terwijl ze haar relaas vervolgt: toen Adam rechtstond en rondkeek was dat niet met een nieuwsgierige blik; alhoewel hij alles rondom zich slechts voor de eerste keer zag, gaf hij me de indruk dat alles reeds te kennen en niet in het minst verrast te zijn, wat niet wil zeggen dat hij zijn omgeving niet bewonderde.

Er moet evenwel een groot verschil zijn wat betreft de instorting der ziel bij Adam en bij deze van ieder mensenkind. Adam was volwassen toen de instorting gebeurde, terwijl bij het gedragen kind de instorting der ziel gebeurde omtrent de halve dracht [ook A.K. Emmerick spreekt in deze zin: er is eerst een vegetatieve bezieling, daarna volgt de instorting van de menselijke ziel die al vanaf het begin geschapen was, nvdr.]. Het is op dat ogenblik dat de aanstaande moeder voor de eerste maal leven en beweging voelt onder de borst (in de schoot).

Vermits de kiem in verband staat met de zondeval, zal ik ook meedelen wat ik er door Leonie over vernam. Twee dingen vallen eerst goed te onderscheiden. Ten eerste, Adam beschouwend, zag Leonie hem gewoonlijk altijd het hoofd rechtop dragen, soms de ogen naar boven gericht, juist of hij daar iets scheen te zoeken. Zijn persoon was majestatisch en ook zijn gang.

Zelden richtte hij zijn blikken neerwaarts en scheen aldus de indruk te geven dat hij al wat hem omringde, als de meest wonderlijke dieren, de mooiste en vreemdste bloemen, bomen, planten en kruiden, ver te boven ging. Om dat nog veel beter te doen uitschijnen, dient hierbij gevoegd dat Leonie er de meeste nadruk op legde, als ze mij zei dat al de dieren in het Paradijs zeer indrukwekkend en veel waardiger voorkwamen dan de huidige waardigheid van de hedendaagse mens. Een indrukwekkende waardigheid straalde van Adam uit, en terwijl ze hem zo bekeek was hij waarlijk de koning van al het geschapene. Hij was groot van gestalte, mooi van aanzien, volmaakt gebouwd en edel van vorm. Moest hij heden ten dage in de wereld komen, zoals ik hem in het Paradijs zag, wel dan zouden alle mensen vol ontzag en eerbiedige vrees zijn getroffen door zijn grote waardigheid en niet minder door zijn voorkomen."

Adams contemplatief gebed, zijn omgang met God

Adam hield zijn blikken veel naar omhoog gericht (hij fixeerde de hemel): dat is eigen aan de mens in contemplatie. Geen twijfel trouwens dat Adam die gave van contemplatie bezat, die grote zielenrust in God, waarbij zeer dikwijls alle andere organen van het lichaam alsook de ledematen en de zielenfaculteiten als in slaap zijn, of toch zeer weinig actief, soms schijnt zelfs de ademhaling te vertragen; soms ademt de mens af en toe zeer diep en gaat de hand instinctmatig naar de borst, alsof zijn wezen zegt: "Mijn God, ik bemin U" (laatste woorden van Sint Theresia van het Kind Jezus). Of dat verband hield met "extase", zoals wij dat verstaan, ofwel met contemplatie, kan ik niet zeggen en dus ook niet bevestigen. Uit wat ik uit Leonies woorden heb menen te mogen verstaan, was dat steeds blikken en zoeken naar omhoog, eerder een gevolg, als ik dat zo mag zeggen, van een "gemeenzaam omgaan", een spreken van God met Adam.

Eva.

In tegenstelling met Adam, richtte Eva zelden de blik naar omhoog, maar scheen meer gehecht aan alles wat haar omgaf, en ze gaf de indruk dat ze haar behagen vond in het bewonderen van dieren, bomen, planten, bloemen en kruiden. Soms waren Adam en Eva samen en vertoefden dan hier of daar in het Paradijs, terwijl ze dan samen spraken ofwel schenen ze zo te wandelen, dan eens samen ofwel de ene of de andere wat voor of achter en dan werd minder gesproken en 't was dan juist of ze in die gang een verpozing zochten en volmaakt genoten in de bewondering van dieren, lucht en allerlei gewas, soms schenen ze zich dan heel langzaam naar een bepaalde plaats begeven.

Meestal echter, zei Leonie, zag ik beiden alleen. Adam scheen dan als gedreven naar de boom des levens die midden in het Paradijs stond. Ik weet, zegt ze, dat hij daar dikwijls en lang kon vertoeven en dan bewonderde hij die grote vogels, zo groot en zelfs nog groter dan onze huidige pauwen, maar die vogels waren wit en blauw bevederd, meer wit dan blauw, en hij zag hoe ze zich daar in een gedurige wemeling in de reuzentakken van de boom vermeiden, terwijl hun mooie zang weerklonk. De boom des levens was omringd van water. Zijn zware takken verspreidden zich tot op grote hoogte in de lucht. Zijn machtige wortels drongen niet alle diep in de grond, er waren er zelfs vele die door het omringende water heen tot tamelijk ver daarbuiten over de grond voort liepen. Het zou voor Adam gemakkelijk zijn geweest de boom des levens te benaderen, daar hij over de zware wortels en zonder verdere hindernis bij de boom kon komen, wat hij echter nooit heeft gedaan. Toch stond hij altijd bij het water dat deze boom omringde. Het gebeurde ook dat Adam heel alleen in het Paradijs wandelde, en bewonderend keek naar wat hem omringde. Ook dan richtte hij bijwijlen bewonderend of zoekend de blikken naar omhoog.

Over de schepping van Eva verhaalt Leonie nog dit. Terwijl Adam op zeker ogenblik als in een diepe slaap gedompeld was, werd Eva gevormd uit een bestanddeel van Adams lichaam; wat dat bestanddeel was heeft ze niet gezegd. Toen Adam ontwaakte, zag hij Eva en bewonderde haar, terwijl ze als naar hem gevoerd werd. Op datzelfde moment wist hij als door ingeving dat ze zijn levensgezellin was.

De zeven dieren uit het Paradijs.

Onthoud, zei Leonie, dat ik maar zeven dieren uit het Paradijs Adam en Eva heb zien volgen toen ze er beiden werden uitgedreven. Leonie heeft me toen die dieren genoemd, maar ik heb ze, spijtig genoeg niet opgetekend. Ik herinner mij ervan nog alleen de kameel. Uit deze zeven dieren stammen alle tamme huisdieren af.[1] *De andere dieren zijn in het Paradijs gebleven. Ze zei ook dat ze in het Paradijs nooit wolken heeft gezien zoals we deze hier op aarde kennen. Het waren alleen vederwolkjes en ze waren daarenboven mooi gekleurd.*

Terugkomend op Eva, zegt Leonie dat zij haar vermaak vond in het bewonderen van planten, bomen en bloemen, terwijl ze ook behagen schiep in de dieren, waarvan nooit geen enkel op de vlucht ging, wijl alles een zachte en vredige stemming uitstraalde. Zowel Adam als Eva gaven de indruk, dat ze dat alles sedert altijd zo gekend hadden, terwijl ze het in feite als iets nieuws en wonderbaars te bewonderen kregen."

1.3. De duivel. De boom der kennis van goed en kwaad. Eva bekoord door de duivel. De zondeval.

"Na een zekere tijd, Leonie heeft dat nooit scherp bepaald, zag ze een slank en vlucht diertje op vier zeer laag tegen de grond staande pootjes, het gezelschap van Eva opzoeken. Steeds meer en meer bewoog het zich rondom haar. Op de duur scheen het haar veel vriendschap te bewijzen, en soms sprong het tegen haar op, terwijl Eva daar scheen genoegen in te vinden, en er ook scheen aan gehecht te geraken. Ten laatste was Eva niet meer zonder het diertje in haar nabijheid. Instinctmatig, zegt Leonie, zag ik er de duivel in, en ik kon die indruk niet uit mij krijgen. Wat me ook bijzonder opviel was dat het diertje nergens te zien was als Adam bij Eva was, of in haar nabijheid. Adam moet daarvan onkundig zijn geweest, terwijl Eva nooit

---

[1] Wellicht bedoelde ze hier de grote bekende gedomesticeerde dieren zoals het paard, het rund, enz.

blijken had gegeven hem ooit daarvan op de hoogte te hebben gebracht. Er was daar iets zeer geheimzinnigs in dat geval. Dat diertje deed en liep als nu een hondje zou doen dat met zijn meester of meesteres uit wandelen gaat en zottebollend rondspringt en danst om aan zijn vreugde uiting te geven. Het liep haar vooruit, kwam terug en scheen tevreden dat Eva het steeds volgde.

Zo zag ik op zeker ogenblik dat het diertje verder was doorgelopen en ofschoon Eva het niet zag terugkeren, scheen ze toch niet de indruk te geven van het te zoeken, alhoewel ze als gedreven werd in de richting waarin het verdwenen was. Tot Eva het ontdekte in een boom, het lag daar in de takken, op de hoogte van Eva's hoofd. Dat had ik het dier daarvoor nooit weten doen, en het gaf me wel degelijk de indruk dat het daar op Eva wachtte. Ik kan die uitdrukking niet klaarder weergeven, maar de ogen van het beest hadden niets dierlijks meer. Het lag daar in de boom der kennis van goed en kwaad. In tegenstelling met de boom des levens, die zijn machtige takken hemelwaarts uitstrekte, boog de boom der kennis van goed en kwaad zijn takken naar de grond, en waar deze takken de grond raakten ontstond telkens een nieuwe boom. Deze boom droeg vijfvoudige vruchten; d.w.z. als in trossen bijeen en zodanig gerangschikt dat steeds in het midden de schoonste, grootste en dikste vrucht hing, omringd door de vier andere die soms nog niet de helft bereikten van de middelste vrucht.

Intussen was het dier tot Eva beginnen spreken en terwijl het de middelste, de dikste en de schoonste vrucht van de vijf had geplukt en ze prees en loofde, zei het tot Eva: "Als God u verboden heeft om daarvan te eten, is het omdat ge aan Hem niet gelijk zou worden, want wie van de vrucht van deze boom eet, kent ook het goed en het kwaad en wordt aan God gelijk..." Het dier was de duivel! Het sprak zo mooi en aandringend, dat Eva deze vrucht ook schoon en heerlijk begon te vinden, en het is dan dat de duivel de vrucht aan Eva aanbood, die ze aannam. De vrucht nog verder lovende, bracht Eva deze aan de mond, beet en at ervan. Op datzelfde ogenblik was het dier, de duivel, verdwenen. Terwijl Eva nu van de vrucht gegeten had, riep ze ook Adam, die aan de boom des levens vertoefde. Adam hoorde de roep van Eva wel, maar scheen er geen aandacht aan te schenken, terwijl hij in bewondering bij de boom bleef vertoeven. Toen Eva een tweede maal Adam riep, ging er iets als een onwillige beweging door zijn lichaam, en ondanks de nog dringender roep van Eva, bleef hij bij de boom vertoeven. Het is slechts bij de derde roep van Eva, toen opnieuw een onwillige opwelling over zijn lichaam voer, dat hij zich van de boom des levens afkeerde om tot Eva te gaan. Het is op het ogenblik dat Adam zich omdraaide, dat de engel de kiem uit Adams rechterborst nam en er hemelwaarts mee verdween. Toen Adam bij Eva gekomen was, gaf ze hem ook de vrucht, maar het duurde toch een aanzienlijke tijd voor dat hij aan haar gesmeek gehoor gaf en ook van de vrucht at.

Wat nu het geval van de kiem zelf betreft, die weggenomen werd door de engel, voordat Adam zich bij de derde roep van Eva omdraaide. Daarover zei Leonie me uitdrukkelijk: deze kiem was het vruchtbeginsel voor het komende nageslacht, indien ze in hun onschuldige staat waren gebleven. Nu werd hun dat ontnomen wegens hun aanstaande val. Dat wegnemen van de kiem ging zo bliksemsnel dat, toen Adam zich bij de derde roep van Eva van de levensboom afkeerde, deze reeds weggenomen was vóór Adam zich slechts gedeeltelijk omgekeerd had."

[...]

1.5 Na de zondeval. Uitgedreven uit het Paradijs. De aarde. Het aards Paradijs bestaat nog steeds.

"Onmiddellijk na de zondeval kwam er angst en grote vrees over onze eerste ouders, die zich trachtten te verbergen. Hun ogen waren inderdaad open gegaan, maar het waren de ogen van de rede, vermits ze beseften dat ze zwaar hadden gezondigd. Deze angst deed hen kreunen en zuchten. Eindelijk sloegen ze op de vlucht, maar ze liepen niet. Het was of het Paradijs voor hen ondragelijk werd. Ze verlieten het middelpunt van het Paradijs, d.i. de plaats waar zich de boom des levens bevond, terwijl ze als gejaagd verder dwaalden en zich zoveel mogelijk verborgen. Tot op het ogenblik dat God hen ter verantwoording riep. Het gevolg is genoegzaam bekend uit de

Bijbelse geschiedenis, zodat hier niets meer hoeft aan toegevoegd. Beiden werden door de engel met huiden bekleed en uit het Paradijs verdreven. Eigenaardig vond ik toch dat Leonie ze steeds bergaf zag dwalen, immer bergaf, tot ze ten laatste de aarde betraden die er woest, leeg en bergachtig (rotsachtig) uitzag.

Nieke zei ook dat het Paradijs nog altijd bestaat, maar voor ieder mensenoog en iedere blik afgeschermd wordt en blijft, en door de engel bewaakt wordt (afgeschermd door een duurzame en ondoordringbare mist). Uit haar woorden blijkt dat het Aards Paradijs op een aanzienlijke hoogte moet gelegen zijn, en ten laatste nog dit: dat het water dat uit het Paradijs vloeit hier op drie of vier plaatsen van de aarde neerkomt. Over het Aards Paradijs voegde Nieke nog het volgende bij: 't Was een plaats om volmaakte schepselen tot rust- en verblijfplaats de dienen. Geen mens kan zich daar een denkbeeld over vormen. Het zou de verblijfplaats geworden zijn van Adams nakomelingen, indien de zondeval niet was gebeurd, totdat ze het getal zouden bereikt hebben om de lege plaatsen van de gevallen engelen in de Hemel te bezetten.

Leonie zei dat God ook dat tijdstip had voorzien, tijdstip dat menselijk onberekenbaar is, maar dat volgens haar woorden toch niet zo lang meer zou uitblijven. Onze tijd was ook niet de tijd door God vastgesteld voor onze eerste ouders, als proef van hun onderwerping en gehoorzaamheid, tot het verwerven van het eeuwig geluk in de Hemel. Die proeftijd was korter. Leonie sprak mij daarover als "de tijd van een generatie," maar of dat een generatie beduidt volgens de duur van de menselijke voortplanting, mag of durf ik niet stellig beweren, ofschoon ze dat woord gebruikte."

[...]

1.6. De rechtstreekse schepping van de ziel door God. De rol van de kiem bij Adam. O.L.Vrouw.

[...] "Verder zegde Leonie: de geleerden willen God uitschakelen, door hun leer dat de mens van de aap zou afstammen. De mens is en blijft Gods schepsel, speciaal geschapen als koning over al de geschapen dieren en planten op aarde. God schiep de mens van in het begin en Hij schept heden ten dage nog altijd iedere ziel, daar geen menselijk leven mogelijk is buiten de ziel, daar beide, lichaam en ziel verbonden worden om op aarde te leven. God zal iedere ziel blijven scheppen totdat de tijd zal vervuld zijn, dat de laatste geschapen mens er zal zijn, die de laatste door God voorziene plaats zal bezetten in de Hemel.

Bij de eerste mens, Adam, werd de ziel ingestort in het Aards Paradijs, toen hij gans volwassen was. Buiten onze eerste ouders wordt de ziel van ieder mensenkind ingestort rond het tijdstip van de halve dracht. Van alle geschapen mensen, buiten Adam en Eva, werd alleen Onze Lieve Vrouw, de Moeder des Heren, door Gods bijzonder ingrijpen, verwekt buiten de normale rechtstreekse gang van zaken: Maria kwam dus in de moederschoot door Gods werking. Ik kan Leonie daarin niet goed volgen, maar wat ze mij waarschijnlijk heeft willen meedelen is, dat deze rechtstreekse inwerking van God, wel iets te maken heeft gehad met de wijze van voortplanting van het mensengeslacht, zoals zou gebeurd zijn, waren Adam en Eva niet in zonde gevallen in het Aards Paradijs. [...]

De plaats in Adams rechterborst (of zijde), dezelfde plaats waar Jezus de lanssteek ontving na Zijn dood op het kruis, die plaats (dus niet de kiem) moet wel degelijk iets te doen hebben gehad met de voortplanting van het mensdom vóór de zondeval. Het is me onmogelijk dat klaarder of nader uit te leggen, aangezien ik de zin niet begreep van wat Leonie me wou doen verstaan. Ze heeft niet zo rechtstreeks met woorden gezegd dat Onze Lieve Vrouw (uitsluitend dus) door Gods werking gevormd is geweest. Wat ik zeker heel wel en goed begrepen heb, is dat Maria verwekt werd buiten de normale werking en medewerking van een menselijk lichaam om. Men moet wel begrijpen en onthouden dat ik bij dergelijke mededelingen wel kon luisteren en optekenen, maar ook dat ik niets mocht vragen noch haar onderbreken."

1.7 De toestand van de mens voor en na de zondeval van onze eerste ouders. Verschillende duur van ons bestaan. De andere levende wezens. Genadestaat van O.L.Vrouw. De menselijke vrije wil.

"Adam en Eva waren geschapen in volmaakte staat en waren volgens deze staat onsterfelijk, zodat ze na de door God voorziene tijd in de toestand zouden gekomen zijn om in de Hemel opgenomen te worden met hun nakomelingen, eveneens in onschuldige staat ter wereld gekomen. De kiem die Adam in zijn rechterborst (zijde) droeg was bestemd tot voortplanting van het mensdom. Hoe dat zou gebeurd zijn, heeft Leonie niet gezegd. Als de nakomelingen aldus ontstaan, het getal zouden bereikt hebben, door God voorzien, zouden ze allen in de Hemel opgenomen geweest zijn, om de plaatsen in te nemen die open gekomen waren door de val der Engelen. Deze tijd, volgens Leonie, zou veel korter geweest zijn dan de tijd dat de mensen na de zondeval op aarde moesten doorbrengen, daar er zonder de zondeval geen verdoemden zouden geweest zijn en aldus ook eerder het getal zou bereikt geweest zijn om die voorbeschikte plaatsen te bezetten.

Sinds de zondeval is dat heel anders geworden. De door God voorbeschikte plaatsen moeten nu strijdend veroverd worden; deze plaats moet door ieder mens verdiend worden omdat we van God de Hemel niet krijgen, maar we hem moeten verdienen. Die plaats verdienen we met naar Gods wil en wetten te leven. Daar niet alle mensen die geboren worden in de Hemel zullen geraken, zijn er dus een zeker aantal die daarbuiten zullen moeten vertoeven, want ieder mensenleven heeft een voortbestaan na de dood. De ziel is immers onsterfelijk. Deze die bij hun aards leven de Hemel niet zullen veroverd hebben, zullen tot de Hel verwezen zijn, de strafplaats door God in Zijn Oneindige Rechtvaardigheid geschapen, en in het gezelschap zijn der gestrafte engelen die ook voor eeuwig naar deze plaats werden verwezen. Om me dat waarschijnlijk beter te doen vatten, voegde Leonie hier aan toe, dat met het Laatste Oordeel het Vagevuur zou ophouden te bestaan, en dat dus ook de pijnen vergroten en vermeerderen voor de zielen de er moeten gezuiverd worden, en wel naarmate de tijd verkort die het einde voorafgaat. Op het ogenblik van het Laatste Oordeel zullen er enkel goeden en slechten zijn. Wanneer de laatste mens zal geboren zijn, die de laatste plaats door God voorbeschikt in de Hemel zal kunnen bezetten, zal ook het einde gekomen zijn van het menselijk bestaan op Aarde, dus het einde met het Laatste Oordeel.

Waardigheid van de mens in het Paradijs; ook de dieren waren gans anders.

Wat betreft het feit dat de mens geschapen werd en geplaatst boven al het geschapene op aarde, dus als een koning, heeft betrekking zowel op het verblijf in het Aards Paradijs als het verblijf op aarde na de zondeval. Zoals de volmaakte staat waarin Adam en Eva geschapen werden ook zou overgaan op hun nakomelingen en hen plaatste boven al het geschapene in het Paradijs, zo ook blijft de gevallen mens die op aarde vertoeft, verheven boven alles wat op aarde geschapen werd en blijft hij koning over alles wat op aarde aan levende en niet-levende wezens bestaat. Volgens onze aardse begrippen is er geen vergelijking mogelijk tussen de volmaakte mens in het Paradijs en de gevallen mens op aarde. Deze onbegrijpelijke verhouding blijft ook bestaan wat betreft: dieren, planten, enz. Met de zondeval ontwaardde alles wat op aarde was met de mens mee. Het is dus totaal onmogelijk ons een denkbeeld te vormen over wat de volmaakte staat is waarin Adam en Eva in het Paradijs waren, met onze gevallen natuur bezitten we geen maatstaven die een vergelijking mogelijk maken. Hoe zouden we ons een denkbeeld kunnen vormen, als Leonie zegt: de dieren in het Paradijs staan in waardigheid boven de gevallen mens op aarde? Hier voegt ze er nog aan toe: vóór de zondeval: geen lijden, geen pijnen, geen zorgen, geen kommer, geen zwoegen noch wroeten, geen onrust, geen ellende, dat alles was de volmaakte mens onbekend. Na de zondeval op aarde: wel pijnen, lijden, zorgen, kommer, verdriet, zwoegen, zweten, wroeten, onrust, ellende, ziekte enz... (dat alles als gevolg van de ongehoorzaamheid van onze eerste ouders).

Waardigheid van de gevallen mens.

Leonie reageert heftig tegen de vooropzetting waarbij de mens beschouwd wordt, al zou de mens het "volmaaktste" dier zijn. Dat de mens op dierlijke wijze zou voortgebracht worden, strookt niet met de werkelijkheid. De mens, alhoewel gevallen, blijft mens, zoals God de mens geschapen heeft, en hij is nooit tot een dier verlaagd geworden. Door overtreding van Gods wetten en geboden, kan een mens zich verlagen in de ogen van zijn medemensen, die hem dan gaan vergelijken met het dier, maar spijts de verlaagde staat waarin hij zichzelf heeft gebracht, blijft hij mens, oneindig ver boven ieder dier verheven. Zolang God Zijn barmhartigheid over hem blijft uitstrekken, zelfs hoe laag hij ook gevallen is, kan hij met geen dier vergeleken worden. Ieder mens, hoe goed of slecht hij ook is, zal eens door God ten oordeel geroepen worden, iets wat uitgesloten is voor dieren en planten (omdat deze slechts een dierlijke of vegetatieve ziel hebben). Tengevolge van de zondeval, werden alle mensen verwezen tot de onvolmaakte staat, en bijgevolg is ons denken en oordelen ook onvolmaakt, zelfs zeer gebrekkig. Onze gedachten zijn uiterst beperkt en daardoor kan niemand, zelfs de allergrootste geleerde niet, zich bij benadering een denkbeeld vormen van wat de volmaakte staat is waarin onze eerste ouders geschapen werden; nog veel minder kunnen ze zich voorstellen wat de Hemel is, wat een Engel is, het Vagevuur, de Hel en nog oneindig minder, wat God is."

[...]

1.9 Over de aap. Leonie tegen de evolutieleer wat betreft de mens.

"Wat betreft het feit dat de mens van de aap zou afstammen, herinner ik me dat destijds vele geestelijken die haar kwamen bezoeken, dat punt ook altijd aanraakten, zowel seminaristen als priesters, evenals paters en broeders, tot zelfs godgeleerden toe (ze gaven zich toch daarvoor uit). De meesten kwamen met drie, vier of vijf personen samen, soms waren er wel meer. Al deze personen en groepen, telkens het over de schepping te pas kwam, wilden Leonie ervan overtuigen dat de mens, dus Adam, zou afstammen van

een dier, namelijk van de aap. Volgens hun uiteenzetting kon dat voor ons, mensen niets vernederends inhouden, gezien God ook de dieren, en dus ook apen geschapen had. Het enige verschil zou hierin bestaan hebben (tussen de alzo geschapen mens en het dier, d.i. de aap), dat God een redelijke ziel in de mens had gestort met het gevolg dat hij aldus ver boven de dieren verheven werd, en daardoor vanzelf als koning over alle levende en niet-levende wezens aangesteld werd.

Meestal hadden zulke bezoekers geen tijd meer om nog verder te spreken, daar Leonie alsdan reeds in haar vuur geschoten was, en met enkele woorden alle monden wist te snoeren. Ik weet met de meeste zekerheid dat ze schande sprak over de instellingen en inrichtingen waar dergelijke onzinnigheden onderwezen werden, en ze nam geen blad voor de mond om al deze leermeesters aan de kaak te stellen, en nog zoveel te meer als het katholieke instellingen en professoren betrof. Gewoonlijk noemde ze deze opvoeders: onverantwoordelijke dwazeriken en voegde erbij: ja, dat zijn zo van die grote bol- of stalantaarnen die veel plaats innemen, maar met een klein, zeer klein lichtje erin dat maar weinig of bijna geen licht geeft. Terwijl ze intussen reeds opgesprongen was, vervolgde ze: Ik heb Adam zien geschapen worden, maar daarvoor had God geen aap nodig of ook geen ander dier. Ik heb gezien hoe dat gebeurd is en kan daar over meespreken, maar al die geleerde snullen vertellen eenvoudig voor waarheid wat in hun ziek hoofd werd uitgebroed, of wat ze van anderen hoorden vertellen. Ze vervolgde dan gewoonlijk: ik heb oprecht medelijden met u voor al die schone tijd dat ge alzo op de schoolbanken moet verslijten en 't ware veel beter dat ze daarvoor mannen aanstelden, bekwaam om u zaken te onderwijzen waaruit ge tenminste veel nut zou kunnen trekken voor de staat die ge gekozen hebt, om later als echte zieleherders uw ambt te kunnen vervullen!

Als ze dan zekerheid had dat ze soms maar napraatten wat ze zelf gehoord hadden, en ze verder geen kwade inzichten hadden of opzettelijk spot verkochten, dan sprak ze hen wel eens over de schepping van de mens, met mindere of meerdere details, om uiteindelijk het geval van de aap van de baan te helpen."

Als hoofdstuk 1 en 2 van Genesis een symbolisch verhaal zou zijn, dan zou God daar toch niet zo over spreken tot zijn heiligen, of het in een visioen laten zien alsof het werkelijkheid was? Zou God dan de mensheid kunnen bedriegen? Als wij van de apen zouden afgestamd zijn, dan zou God dat wel verteld hebben aan zijn heiligen, en dan eerst en vooral aan Mozes zelf. Maar God deed dat niet, en met een heel goede reden. God schiep de mens door een bijzondere scheppingsdaad, uit het slijk der aarde, en blies het gevormde lichaam vervolgens Zijn levensadem in (de ziel). Pas na de zondeval werd het lichaam zwak, aan aftakeling, ziekte, pijn en dood onderhevig, en werd de wereld vervloekt waardoor dood en verderf optrad. En dat is precies wat de mystici ook zagen. Zij bevestigden gewoon Genesis. Dus in conclusie: we hebben gezien dat de H. Schrift, de Kerkvaders, het officiële Leergezag van de Kerk én de mystici van de Kerk Genesis hebben bevestigd. De Waarheid is de waarheid, deze verandert niet. De wereld verandert, de historische wetenschappen veranderen voortdurend, maar God verandert niet, en evenmin de Waarheid. Zijn Woord is betrouwbaar, en Zijn Woorden waarachtig.

"Ik prijs U, Vader, Heer van hemel en aarde, omdat Gij deze dingen verborgen gehouden hebt voor wijzen en verstandigen, maar ze hebt geopenbaard aan kleinen. Ja, Vader, zo heeft het U behaagd." (Matt. 11,25-26)

"Zalig de armen van geest, want aan hen behoort het Rijk der hemelen." (Matt. 5,3)

"Voorwaar, Ik zeg u: als gij niet opnieuw wordt als de kleine kinderen, zult gij het Rijk der Hemelen zeker niet binnengaan." (Matt. 18,3)

Amen.

Appendix

“Ik geloof in God, de Almachtige Vader, Schepper van Hemel en Aarde.”

Als wij het Credo of Apostolische geloofsbelijdenis uitspreken, dan belijden wij:

1. Ik geloof in God, de almachtige Vader, Schepper van Hemel en aarde;
2. En in Jezus Christus zijn enige Zoon onze Heer;
3. Die ontvangen is van de Heilige Geest en geboren uit de Maagd Maria;
4. Die geleden heeft onder Pontius Pilatus, gekruisigd is, gestorven en begraven;
5. Die neergedaald is ter helle, de derde dag verrezen uit de doden,
6. Die opgevaren is ten hemel en zit aan de rechterhand van God Zijn almachtige Vader;
7. Vandaar zal hij komen oordelen, de levenden en de doden.
8. Ik geloof in de Heilige Geest,
9. De heilige Katholieke Kerk, De gemeenschap van de Heiligen,
10. De vergiffenis van de zonden,
11. De verrijzenis van het lichaam,
12. Het eeuwig leven. Amen.

Laten we nu eens dieper ingaan op het eerste artikel van deze geloofsbelijdenis. We zullen dit doen aan de hand van sermoenen van Kanunnik Victor D’Hoop (1829-1891), deken van Gent, en wiens sermoenen na zijn dood werden teruggevonden en met imprimatuur (kerkelijke goedkeuring) van de bisschop werden uitgegeven in boekvorm.

A.1 De Almacht van God

6de les Mech. Cat. 1ste Art.: Ik geloof in... den Vader Almachtig

Aan God de Vader, eerste persoon van de H. Drievuldigheid, wordt, bij voorkeur onder alle andere volmaaktheden, de Almacht van God toegeschreven; en het is dit woord dat wij nu gaan overwegen: ik geloof in God de Almachtige Vader.

De H. Schrift is gewoon Gods opperste en oneindige Majesteit met verscheidene namen uit te drukken, om onze eerbiedigheid en godsvrucht jegens dezelve op te wekken; maar vooral schrijft zij Hem de Almacht of de almogendheid toe, als een gans eigene hoedanigheid. Immers God noemt zichzelf: Ik ben de almachtige Heer, en de H. Johannes: De Here God, Almachtig, die is en die was en die wezen zal.

Wat belijden wij als wij zeggen: ik geloof in de Almachtige Vader?

Wij moeten echter opmerken dat het woordje almachtig niet alleen gezegd wordt van de eerste persoon, van God de Vader, maar van gans de H. Drievuldigheid, zodanig dat God de Zoon en God de H. Geest, zowel als God de Vader, almachtig zijn, en moeten geheten worden; alhoewel, gelijk wij weten, de almacht bijzonderlijk aan God de Vader wordt toegeschreven omdat Hij is het beginsel en de oorsprong der twee andere Personen. Wij belijden dus dat God met zijn goddelijke wil alle dingen kan maken en ook te niet doen of vernietigen. Om almachtig te zijn, worden drie dingen vereist: dat men de macht hebben van te maken en teniet te doen, t' is te zeggen, niet breken, maar vernietigen; dat die macht zich uitstrekken over alle dingen zonder uitzondering; en men moet alle dingen kunnen maken en vernietigen, met enkel het te willen. En inderdaad, deze drie hoedanigheden erkennen wij in God, onze Heer:

1° Wij belijden dat God de macht heeft niet alleen te maken, of uit het niet te trekken, maar ook in het niet te doen terugkeren.

2° Wij belijden dat er niets is, niets kan gedacht worden dat God niet scheppen kan; Hij kan zowel nog duizenden en duizenden, en volmaaktere werelden voortbrengen dan de onze, en dezelve te niet doen, ja zelfs nog veel grotere dingen die wij met ons bekrompen verstand niet kunnen vermoeden. Wij belijden bijgevolg: Dat God meester is over alle wetten die Hij aan de natuur zelf gegeven heeft, en dat Hij die kan veranderen naar zijn wil; en bijgevolg dat Hij kan mirakelen doen, dit is, wondere tekens die al de krachten der schepselen te boven gaan.

Maar, zal iemand zeggen: hoe kan God alles? Hij kan nochtans niet liegen, noch bedriegen, noch zondigen, noch te niet gaan, noch ongelukkig zijn. Dit belet zijn Almacht niet, want al deze dingen zijn geen uitwerksels van macht, maar integendeel van gebrek aan macht, en kunnen maar plaats hebben in een onvolmaakte natuur, gelijk die van de mens.

3° Wij belijden dat God dit alles kan doen en gedaan heeft, niet gelijk het schepsel, met moeite en arbeid, maar door een enkel werk van zijn wil: *Dixit et facta sunt* – Hij heeft gezegd, of beter, gewild, en alles was gemaakt. En niet zonder reden belijden wij deze Almacht in het begin van het Geloof, want met God alle macht toe te eigenen, kennen wij hem noodzakelijk alle andere volmaaktheden toe, zoals de oneindige Wijsheid, Voorzienigheid, Goedheid, zonder dewelke de oefening dezer macht onmogelijk ware. Maar laat ons ons verstand onderwerpen, en alles geloven wat het Woord van God ons leert, hoe moeilijk, hoe verheven, hoe onverstaanbaar het ons ook schijnt. Zo, bijvoorbeeld: Hoe kunnen drie Personen één God zijn? Hoe kan een dood lichaam verrijzen? Hoe is 't mogelijk dat Christus in het H. Sacrament tegenwoordig is? Enz. Het antwoord voor een gelovige is gemakkelijk: *Credo in Deum... omnipotentem*- ik geloof in God almachtig; – *Quia non est impossbilie apud Deum omne Verbum* – niets is aan God onmogelijk.

Waartoe moet dit geloof en het gedacht der almogendheid van God ons opwekken?

1° Het wekt ons tot een ootmoedige kennis van onze grote krankheid, als wij die vergelijken met de Almacht des Heren; en, bijgevolg, tot het mistrouwen van onze eigen krachten. Wat kan toch de mens tegen de Allerhoogste en wat is de machtigste koning of vorst der aarde, vergeleken met de Koning der koningen? En zo, zegde Christus aan Pilatus: gij zoudt tegen mij geen macht hebben, ware u die niet van boven gegeven.

Hoe uitzinnig zijn dezen die zich voor geleerden uitgeven en God uit de wetenschap willen verbannen, omdat zij beweren de geheimen der natuur ontdekt te hebben, terwijl God hun vernuftig verstand bot stelt op een onzienlijk diertje dat de aardappelen of de druiven vernietigt en tegen hetwelk zij vruchteloos een reddingsmiddel zoeken!

2° Dit gedacht is allerbest geschikt om ons in alles op God en op God alleen te doen betrouwen. Gelijk de H. Jacobus zegt: wij moeten niet alleenlijk bidden met geloof, zonder twijfelen; want hoe meer een zaak, menselijk gesproken, verloren schijnt, hoe meer redenen wij hebben te steunen op de Almacht van de Heer; maar wij moeten volle betrouwen hebben in al onze ondernemingen, die wij ter ere Gods of ten voordele van onze naaste aangaan, volgens het woord des Zaligmakers: Indien gij geloof hebt als een korrel mosterdzaad, zult gij tot dezen berg zeggen: ga van hier, daarheen en hij zal heengaan, en niets zal u onmogelijk zijn.

En zo zijn de levens der heiligen vol van wondere daden, gepleegd door mensen aan wie alles scheen te ontbreken. Vijf stuivers en Theresia alleen is niets, zegde een grote heilige, maar Theresia, vijf stuivers en God is genoeg om een klooster te stichten.

3° Dit geloof is ook het beste middel om die niet te vrezen, van wie niets te vrezen is, ik wil zeggen de mensen, maar Dezen alleen te vrezen, die ons niet alleen het leven van het lichaam kan ontnemen, maar de macht heeft ons in de hel te werpen. Dit was ten allen tijde en nu nog de gesteltenis van vele kloekmoedige belijders en martelaars.

4° Eindelijk, moet de gedachte van Gods Almogendheid ons de weldaden van God doen erkennen, en wij moeten Hem daarover bedanken, aangezien al hetgeen wij bezitten, hetzij voor het lichaam, hetzij voor de ziel, van zijn Almacht voortkomt.

Laat ons dus dikwijls tot onze troost, de Almogendheid van onze God overdenken en aanbidden, en met Maria de lofzang der dankbaarheid zingen: *Magnificat anima mea Dominum; et exultavit spiritus meus in Deo Salutari meo.* – Mijn ziel verheft de Heer; en mijn geest verheugd zich in de God mijner zaligheid! – *Quia fecit mihi magna qui potens est* – Omdat Hij mij grote dingen gedaan heeft, Hij die almachtig is. Amen.

A.2 Schepping van de wereld

6de Les. Mech. Catech. 1ste art.: Ik geloof in God... Schepper

In de laatste onderrichting over het Symbolum, hebben wij de betekenis uitgelegd van het woord Almachtig, en u getoond tot welke gevoelens het Geloof in deze Almogendheid van God ons moet opwekken. Vandaag zullen wij onderzoeken hoe en waarin de Heer deze Almacht getoond heeft. Nu, Hij heeft zijn Almacht bijzonderlijk laten uitschijnen in het scheppen van hemel en aarde; en daarom zeggen wij in het lezen van het Symbolum: ik geloof in God, de Vader Almachtig, Schepper van hemel en van aarde.

Wat betekent: Schepper van hemel en aarde? En wat belijden wij door die woorden?

Scheppen betekent iets van niets maken. Wij betekenen dus dat God van niets gemaakt heeft al wat bestaat, zowel de natuur der engelen als die der lichamen; de hemel met al wat er in is en de aarde met al wat zij bevat. Wij belijden, bijgevolg, door deze woorden, dat God het wezen gegeven heeft aan hetgeen te voren niet bestond; dat Hij uit het niet getrokken heeft, niet alleen het geen op de wereld is, maar de stof zelve van de wereld, zodat er vóór de schepping niets bestond dan God alleen. Dit is een punt van ons geloof, gesteund op het H. Schrift, op de overlevering en op het gezond verstand.

1° Die waarheid is gesteund op het woord van God: In het begin, zegt de H. Geest, schiep God hemel en aarde. Alle dagen zingen wij in ons kerkelijk officie: aanbidden wij de Heer die ons gemaakt heeft. Erkent, roept David uit, dat de Heer God is, Hij heeft ons gemaakt, en niet wij. En zo vinden wij op iedere bladzijde van de H. Schrift bewijzen dat God alles geschapen heeft.

2° Ook is die waarheid gesteund op de getuigenis van al de HH. Vaders, en, om gans hun lering in enige woorden samen te vatten, heeft het Eerste Concilie van het Vaticaan verklaard: "Dat God door een gans vrij besluit, in het begin van de tijd, tegelijk uit het niet geschapen heeft het één en het ander schepsel, het geestelijk en het lichamelijk, de engelen en de wereldnatuur en daarna de menselijke, die van de ene de andere mededeelt."

De heidenen van de oude tijd hebben deze waarheid niet gekend en de tegenwoordige vrijdenkers loochenen dezelve. Zij willen niet dat alles van God kome, omdat zij zich aan Hem niet willen onderwerpen; en zij zeggen: de wereld heeft zo altijd bestaan gelijk hij nu is, en zal zo blijven bestaan.

3° Maar de gezonde rede is voldoende om ons van het tegenovergestelde te overtuigen. God alleen, omdat Hij uit zichzelf is en onveranderlijk, heeft altijd bestaan en moet noodzakelijk altijd hebben bestaan; maar hetgeen verandert, hetgeen vergaat, moet of kan niet noodzakelijk altijd bestaan hebben; maar hetgeen vergaat, moet of kan niet noodzakelijk bestaan; indien het dus bestaat, moet het van een ander het bestaan ontvangen hebben; en het moet dus ook eens begonnen hebben. Welnu, de wereld en al wat er in is, zien wij veranderen, zien wij vergaan; bijgevolg, niets dat in de wereld is, bestaat noodzakelijk; zelfs, begrijpen wij geheel wel dat de wereld zou kunnen niet bestaan; bijgevolg, moet de wereld wel een oorzaak hebben van bestaan, zij moet begonnen hebben; en die oorzaak is geen andere dan de Schepping van God. Wij geloven dus, op het woord Gods, dat alles van Hem geschapen is; maar de Heer heeft ons nog willen leren, uit het oudste boek dat bestaat, van Mozes geschreven door ingeving en zonderlinge bijstand van de H. Geest, op welke manier Hij dit gedaan heeft.

Hoe heeft God alles geschapen?

In het begin, schiep God hemel en aarde. Volgens vele HH. Vaders trok Hij alsdan uit het niet de eerste stof of materie van alle dingen. Waarschijnlijk worden door de Hemel ook verstaan de hemelse geesten, de Engelen, die alsdan de eerste geschapen zijn. De H. Schriftuur leert ons dan dat God de ganse wereld tot haar volmaaktheid gebracht heeft op zes dagen, en de zevende dag gerust heeft, dit is opgehouden nieuwe schepselen voort te brengen. Daarom ook heeft God de zevende dag geheiligd, en gewild dat die dag tot rust zou bestemd zijn en aan de dienst van God toegewijd.

Of nu die dagen, dagen waren van vierentwintig uur gelijk zij nu zijn, of het lange tijdstippen waren, waaraan de H. Schrijver de naam van dagen gegeven heeft, misschien omdat zij hem onder die vorm veropenbaard zijn geweest, daarover kan men niet met zekerheid beslissen; de schriftuur immers is duister op vele plaatsen en de H. Kerk heeft daarover haar oordeel niet gestreken; daarbij, dat kan weinig doen aan de waarheid van de Schepping. Hoe heeft God dus de wereld geschapen? Dat zal Hij ons leren in het oudste boek der wereld, dat Hij door de handen van Mozes geschreven heeft. Het eerste woord van dat goddelijk boek spreekt ons over de oorsprong van het heelal: in het begin schiep God hemel en aarde. Volgens de H. Vaders trok Hij dus uit het niet de stof van al wat er bestaat. Maar de aarde was alsdan nog in de duisternissen; alles was woest en ledig en de Geest Gods zweefde op de wateren, en God zei: daar zij licht! en daar was licht! En God zag dat het goed was en Hij maakte scheiding tussen het licht en de duisternis. Dit was de eerste dag.

De tweede dag sprak God: Dat het firmament worde in het midden der wateren, en Hij maakte scheiding tussen de wateren van boven en van onder, en God noemde het firmament: hemel! Derde dag: verzameling der wateren in één plaats: de zee. Verschijning van het droge, of aarde. God versierde de aarde met planten, bloemen en vruchten. Vierde dag: Schepping der zon, maan en sterren die de mens moesten verlichten bij dage en bij nachte, en het leven geven aan geheel de natuur. Vijfde dag: dat de wateren vissen voortbrachten en de lucht vogelen: groeit en vermenigvuldigt. Zesde dag: Dat de aarde alle soorten van dieren voortbrenge: tamme, kruipende en wilde dieren, elk naar zijn aard; en God zag dat het goed was. En zo was de aarde voltooid en versierd, bereid tot woning voor het edelste schepsel: de mens.

Welke volmaaktheden Gods wij in deze schepping moeten bewonderen.

1° Wij bewonderen de Almacht van God

a) Die almacht schijnt uit in de grootheid en menigvuldigheid der schepselen. Hoe meer men de natuur bestudeert hoe meer wonderen zich vóór onze ogen vertonen. De sterrenkundigen die de hemelen naspeuren, ontdekken dagelijks nieuwe hemellichten, nieuwe planeten; diegenen die de aarde doorgronden zijn verbaasd over de ontelbare menigte planten en dieren die bestaan hebben of nu nog bestaan, van de grootste tot de kleinste. Welnu, dit alles is het werk van een oneindige, almachtige God.

b) Die Almacht schijnt nog uit hierdoor dat God geen bestaande stof heeft nodig gehad. De mens doet wonderschone zaken, maar dit zijn alleen veranderingen, die hij doet ondergaan aan de stof, zo is het niet met God.

c) Te meer, Hij heeft alles geschapen zonder iemands hulp in te roepen, of voorbeeld te volgen, zonder een werktuig te bezigen; wij mogen er zelfs bijvoegen dat God te werk ging zonder moeite of arbeid: *Dixit et facta sunt* – Hij sprak en 't was gemaakt.

2° Wij moeten hier nog bewonderen Zijn Wijsheid: Al de werken van de Almachtige Werkman dragen de stempel van een oneindige wijsheid. Niet alleen heeft hij al de schepselen in zijn verstand gehad, gelijk de bouwkundige het plan van een huis in zijn gedacht heeft eer hij het uitvoert; maar alle schepselen zijn zodanig geschikt naar het einde dat zij te vervullen hebben, dat nooit een geschapen verstand zulks had kunnen vermoeden.

3° En, eindelijk, bewonderen wij zijn Goedheid: alhoewel de Heer alles voor zichzelf en zijn glorie tot stand gebracht heeft, had Hij nochtans geen nood schepselen voort te brengen: het is dan om zijn oneindige goedheid mede te delen aan de overgrote menigte wezens door Hem voortgebracht. En het is bijzonderlijk in de mens dat deze goedheid uitschijnt: het is ten dienste van de mens dat Hij alles geschapen heeft; Hij heeft hem aangesteld over alles, opdat hij, die alleen zijn God kent, Hem in alle schepselen zou verheerlijken. Gebruiken wij dus de schepselen niet gelijk velen doen, om hun Heer en Schepper te vergrammen door er misbruik van te maken, maar op zulke wijze, dat zij ons allen dienen, om onze Heer en God meer en meer te beminnen, te loven en eens tot ons laatste einde gekomen, onze Heer en God te aanschouwen in de gelukkige eeuwigheid.

A.3 De Schepping van de Engelen

6de les. Mech. Catech. 1ste ART: Ik geloof in God... Schepper van hemel...

In onze laatste onderrichting leerden wij dat God hemel en aarde geschapen heeft. Welnu, het waardigste schepsel van God in de hemel is de engel, op aarde de mens. Vandaag zullen wij u spreken over de engelen.

Wat is een Engel?

1° Volgens zijn natuurlijke staat is de engel een redelijk schepsel Gods, zijnde enkel een geest, zonder lichaam. De engel staat in waardigheid tussen God en de mens: hij is een enkele geest, gelijk de ziel van de mens, en gelijk God zelf zuivere geesten zijn. Hij verschilt van de mens hierdoor dat hij geen lichaam heeft; hij verschilt van God, hierdoor dat hij uit zichzelf niet bestaat, maar van God geschapen is.

De engel heeft geen lichaam, zeg ik; maar hoe lezen wij dan in de H. Schrift, dat zij dikwijls in menselijke gedaante verschenen zijn? Deze gedaante is hun geenszins eigen van natuur; zij namen, alleenlijk voor enige tijd, een lichaam aan of de schijn van een lichaam, om met de mensen, tot wie zij van God gezonden waren, zichtbaar te verkeren. Zo ook, zult gij dikwijls op schilderijen de engelen met een lichaam afgetekend zien, niet omdat zij een lichaam hebben, maar omdat wij ons anders van hen geen denkbeeld kunnen vormen. De engelen, zonder lichaam, zijn enkele geesten, met zielekrachten begaafd die de onze overtreffen: zij hebben vooreerst hun scherp verstand, waardoor zij veel meer en verhevener kennis bezitten dan wij; te meer, zij bestaan sedert eeuwen en hebben eeuwenlange ondervinding, en door hun goed geheugen, kunnen zij alles onthouden. Ten andere, ze zijn begaafd met een vrije wil, waardoor zij, gelijk wij, konden kiezen tussen het goed en het kwaad.

2° Volgens hun bovennatuurlijke staat van uitmuntende heiligheid en zaligheid, die de goede engelen verdiend hebben met niet te zondigen, blijven zij voor altijd begaafd met de heiligmakende gratie, en genieten, overal waar zij zijn, het aanschouwen van het aanschijn van God. *Simper vident faciem Patris mei* – Zij zien altijd, sprak Jezus, het aanschijn van mijn Vader.

Wat is het ambt der engelen?

De natuur der engelen en hun waardigheid schijnen nog meer uit, als wij het verheven ambt overdenken waartoe zij geschapen zijn. De engelen immers, om te beantwoorden aan de inzichten van de Schepper, moeten een dubbele bediening vervullen: zij hebben plichten jegens God en plichten jegens de mens.

1° Zij moeten God dienen en loven; zij maken het koninklijk hof uit en omringen gestadig zijn troon. Zo leert ons de H. Schriftuur dat er negen koren van engelen zijn, wonderlijk onder elkander gerangschikt, daar gesteld om Gods majesteit te aanbidden, om God te erkennen en te beminnen, als de Schepper, Heer, Regeerder van hemel en aarde, daar gesteld om Gods inzichten aan de mensen te doen kennen.

2° Zij moeten ook de mensen dienstig zijn voor hun tijdelijk en eeuwig geluk. Zij bewijzen diensten aan de mens, met hem in de ontelbare gevaren des lichaams te beschermen, zoals wij zien in de geschiedenis van Tobias; met hem bij te staan in al de kwellingen der ziel, gelijk het blijkt uit de geschiedenis van het lijden van Christus in de hof van Gethsemane; met voor hem te bidden en zijn smekingen aan God aan te bieden, gelijk wij leren uit de geschiedenis van Jacob, die de engelen op en af de geheimzinnige ladder zag gaan.

Hebben al de engelen hun ambt vervuld?

Neen, want de ongehoorzame en hovaardige zijn uit de Hemel gedreven in de afgrond der Hel. Maar, hoe konden enige engelen uit de Hemel gedreven worden? Zijn de gelukzaligen niet voor altijd in de Hemel?

Gij moet niet denken dat zij van de eerste ogenblik van hun schepping in Gods vriendschap en heiligmakende gratie onwankelbaar vast stonden; alhoewel zij in de hemel geschapen waren, daarom moesten zij niet altijd voor goed in de hemel verblijven; zij hadden daar, juist gelijk wij op aarde, een proeftijd te onderstaan, in welke zij hun eeuwig geluk moesten verdienen. Zo zien wij vele engelen getrouw blijven aan God, en deze zijn voor altijd heilige engelen gebleven. Enige engelen nochtans hebben misbruik gemaakt van hun vrije wil; zij hebben geweigerd Gods meesterschap te erkennen, en door hun eigen waardigheid verwaand, hebben zij zich willen gelijk stellen aan God! Welnu, wat is er gebeurd? Als de vastgestelde proeftijd geëindigd was, hebben de goede engelen voor eeuwig het geluk des hemels ontvangen, en de ongehoorzame en hovaardige zijn daaruit gedreven in de afgrond der hel: deze afgevallen engelen worden duivelen genoemd.

De duivel is een afgevallen engel; zijn naam was Lucifer, lichtdrager. Als hij met de andere hemelse geesten door God geschapen was, werden hun enige stonden vrijheid gelaten om het geluk des hemels te verdienen. Hij, door zijn schoonheid en verhevenheid verblind, liet een gedacht van hoogmoed in zijn geest ontstaan, en stemde daarin toe. ik zal mijn troon zetten naast die van God; Ik zal gelijk zijn aan de Allerhoogste. Hij trok in zijn opstand een gans leger hemelgeesten mee, die onder zijn geleide stonden; maar opeens, zonder vertoeven, brak de gramschap des Heren uit, en Lucifer werd met al zijn aanhangers uit de Hemel neergeworpen in de afgrond der Hel voor hen geschapen; en zijn veranderden in afgrijselijke duivelen: ziedaar wie deze is die wij duivel noemen. Zijn naam is nu eens Satan, bekoorder, boze of onreine geest, geest der duisternissen, hels serpent, prins der wereld. Men vindt ook in de H. Schrift buiten de naam Lucifer, de namen van Beelzebub, Asmodeus enz. Ziedaar de namen die men aan de duivel geeft. Nu, wat het getal der duivelen betreft, het is overgroot; en alhoewel de H. Geest ons zegt dat er in de Hel geen orde bestaat, nochtans is er onder hen, evenals onder de Engelenscharen, een zekere rangschikking, zodat zij aan verscheidene oversten onderdanig zijn, en allen onder een opperhoofd staan en dit opperhoofd is Lucifer. Nopens de plaats waar zij zijn, leert de H. Paulus ons dat zij in de luchtkring op alle plaatsen der wereld verspreid zijn; en de H. Petrus zegt dat zij als briesende leeuwen rond de mensen lopen, om hun strikken te leggen, de mensen te bekoren, van God af te keren en te misleiden, en nochtans, gestadig al de pijnen der hel verduren, evenals de goede engelen, als zij op de wereld komen, altijd het aanschijn van de hemelse Vader aanschouwen.

De engelen hebben dus een dubbele zending te vervullen: God dienen en de mensen helpen. Zelfs, heeft God aan iedere mens bij zijn geboorte een schutsengel gegeven, een engelbewaarder, die als een machtige, goede, getrouwe gezel, de mens zal bijstaan al de dagen van zijn leven. Daar staat hij, die schutsengel, nevens het kind aan de wieg, en bevrijdt het onervaren schepsel van alle ongelukken en levensgevaar; al de dagen van zijn leven blijft hij de mens getrouw ter zijde staan, langs al de wegen van zijn wisselvallige levensbaan; hij blijft hem bij tot troost in zijn kwellingen en tot sterkte in de bekoringen; hij zal de stervende ouderling te hulp blijven tot aan de beslissende ogenblik van zijn dood: ja, dan zal hij de duivel met al zijn listen en bekoringen van het doodsbed verwijderen, de stervende helpen om de laatste HH. Sacramenten te ontvangen; en terwijl het lijk ten grave nederdaalt, zal hij de zaken van de hem toevertrouwde goed maken bij de rechter, en die ziel van zijn vriend tot voor de troon brengen van de Algoede God.

A.4 Schepping van de mens

6de les, Mech. Catech. 1ste art.: Ik geloof in... Schepper van aarde.

De wereld was dus geschapen maar alles wat op de wereld bestond, was onbekwaam de goedheid en de milddadigheid van de Schepper te erkennen! Het waren immers al onredelijke schepselen [zonder rede]. God had in de hemel, weliswaar, die verheven geesten geschapen, die wij engelen noemen, ontelbaar in getal, en van onbegrijpelijke waardigheid; maar het was voor hen niet, dat de aarde geschapen was; zij waren verzadigd door de tegenwoordigheid van hun God in de hemel! Er ontbrak dan nog één schepsel, hetwelk in zich alleen geheel de schepping, als het ware zou insluiten, en dit schepsel is de mens, van wie de godvruchtige man Job uitroept: Wat is de mens, dat gij hem groot maakt?

De geschiedenis van de Schepping van de mens

Als nu alles voltrokken en bereid was, als de aarde versierd was met groenten en vruchten, tot spijs en verkwikking, met dieren tot nut en onderhoud, en met allerlei schoonheden, dan zei God: Laat ons de mens naar ons beeld en gelijkenis maken; – *faciamus hominem ad imagen nostram*; – en dat hij de heerschappij hebbe over de vissen der zee, de vogelen des hemels, over de beesten en over geheel de aardbodem. En de Heer schiep de mens naar zijn beeld en gelijkenis: Hij vormde zijn lichaam uit het slijk der aarde, en blies in zijn aangezicht een levendmakende geest; en alzo werd de mens levend en bezield; en God noemde hem Adam, hetgeen betekent: “mens” en “aarde”. Dan bracht God al de dieren vóór Adam, en Adam gaf aan eenieder zijn naam. Maar de mens had geen hulp die hem gelijk was. De Heer zond dan Adam in een diepe slaap, nam één van zijn ribben, sloot die plaats met vlees, maakte er een vrouw van en bracht die tot Adam. Deze gaf haar de naam Eva, dit is “moeder van alle levenden.” Ziedaar het klaar en eenvoudig verhaal der schepping van de mens.

De bijzonderste omstandigheden van deze wonderbare schepping

Die bijzondere omstandigheden vinden wij in die zinvolle Godspraak: “Laat ons de mens maken naar ons beeld.”

1° En vooreerst: *faciamus*, – laat ons! Welk wonder geheim is dit? De Heer had op zes dagen geheel de wereld uit het niet doen komen door één enkel woord! Zon en maan, miljoenen sterrenlichten kwamen tevoorschijn, op een enkele wenk van de wil van de Almogende! Hij heeft ze geroepen, zegt de H. Schrift, en zij hebben geantwoord: *adsumus*, – hier zijn wij! De wateren, de lucht, de aarde, krielden van grote en kleine dieren; oneindige gewassen bedekten bergen en dalen op een enkel bevel: "*productant...*" "*fiat*". En ziet, geen bevel meer nu, geen "fiat" meer; maar "laat ons": het is als een beraadslaging. Welnu, met wie spreekt God hier? Waarom dat verschil?

De heilige Vaders vinden hier de eerste vermelding der Allerheiligste Drievuldigheid; in het woord "laat ons" wordt God hier voorgesteld als sprekende tot een andere; maar het is aan de engelen niet, noch minder aan de onredelijke schepselen dat Hij spreekt, want zij hebben de scheppingsmacht niet: het is tot zichzelf. En zó, door de woorden: laat ons, wordt hier aangeduid de menigvuldigheid van de Personen; en door de woorden: naar ons beeld de éénheid van de natuur.

2° En deze laatste woorden zeggen ons nog iets meer: de mens is het enige schepsel op aarde, waarvan gezegd wordt dat het geschapen is naar het beeld en de gelijkenis van God. Welnu, door het verschil in het scheppen van de mens en van de andere wezens, schijnt de grootheid uit en de verhevenheid van de mens. Waarlijk hij is het meesterstuk van Gods almogende wijsheid; hij is groter dan de hemelen, groter dan de zee, dan de planten, dan al de dieren waarover hij tot heer werd aangesteld; want hij en hij alleen is geschapen naar het beeld en de gelijkenis van God. En hoe dat? Zeker niet volgens het lichaam, want onder dat opzicht moet hij onderdoen voor veel dieren [bvb. vogels die kunnen vliegen,..], maar volgens de ziel: God is een enkele geest; de ziel der mensen ook is onstoffelijk en onsterfelijk – God is één in drie Personen; de ziel van de mens ook heeft drie vermogens: het verstand, de wil en het geheugen – De mens deelt mee, in zekere zin, van de volmaaktheden Gods, want hij is bekwaam tot wijsheid, deugd, tot eeuwig geluk. – Even gelijk God over het heelal Heer is en Oppermeester, zo is de mens als koning, heer en meester gesteld over gans de uitgestrekte wereld.

Wat is eigenlijk de mens? En uit hoeveel delen bestaat hij?

God heeft de mens, gesteld als middelwezen tussen hemel en aarde, tussen de geestelijke en de stoffelijke natuur. De engelen zijn enkel geesten, de dieren hebben maar één lichaam; terwijl God aan de mens het één en het ander, een lichaam en een ziel gegeven heeft.

1° De mens heeft een lichaam; maar waaruit? Uit het slijk der aarde, hetwelk gij zoveel grootacht! De Heer heeft het niet uit het niet voortgebracht, gelijk dat der dieren; maar uit een weinig stof, uit een weinig slijk! Is het dat, wat ons hovaardig moet maken? Is het daarom, dat zovelen de wet des Heren overtreden, om dit lichaam te voldoen en op te tooien, dat in korte tijd zal teruggekeerd zijn tot het stof, waaruit het getrokken is? Neen, God heeft ons dit lichaam, dat zelf reeds een klein meesterstuk is, niet gegeven om ervoor te leven, maar om het te doen dienen tot zijn glorie en tot zaligheid onzer ziel.

Gebruiken wij dus onze ledematen, alleen tot dit verheven einde: gebruiken wij onze ogen, niet tot slechte en onkuise oogslagen, maar tot bewondering van Gods werken; onze oren, niet tot aanhoren van vuile en eerrovende klap, maar tot het aanhoren van het woord Gods; onze tong, niet tot lastering of schennis des evennaasten, maar tot stichting en goede vermaningen; onze handen, niet tot onrechtvaardigheid, maar tot goede werken; onze voeten, niet om naar slechte plaatsen te gaan, maar naar het huis van God, of om hulp aan onze broeders te bieden.

2° De mens heeft van God ook een ziel ontvangen, in de welke hij de gelijkenis van God draagt, gelijk zijn lichaam die der dieren. Het is de ziel die de mens eigenlijk mens maakt, en weinig minder dan de engelen; ook zullen wij daar verder meer over zeggen. Hoe is het dan mogelijk dat er zovelen zijn die vergeten dat zij een ziel hebben, of ten minste leven alsof zij er geen hadden! De mens heeft zijn heerlijkheid niet erkend, maar heeft zich vergeleken aan domme dieren en hij is hun gelijk geworden.

O! Als gij dus zegt: "Ik geloof in God, de Almachtige Vader, Schepper van hemel en van aarde", peinst dan op uw ziel, door Hem geschapen, en in dewelke, als in zijn kostelijkste werk, zijn beeld en zijn naam geprent is! Denkt dat zij gemaakt is om God te kennen, en door die kennis Hem te beminnen, en door die liefde Hem te bezitten en door dit bezit eeuwig gelukkig te zijn. Bemint dan uw ziel, versiert uw ziel met deugden en verdiensten, en overpeinst dikwijls de woorden van Jezus Christus: Wat baat het de mens geheel de wereld te winnen, indien hij zijn ziel komt te verliezen! Amen.

A.5 Zondeval

6de Les, Mech. Catech. 1ste Art.: Ik geloof in... Schepper van aarde.

Wij hebben gezien, hoe de mens geschapen is; nochtans is de mens hedendaags maar een ellendig schepsel, en met recht legt de H. Kerk ons in de mond, als wij voor een overledene de laatste gebeden zeggen, deze woorden van de heilige man Job: *Homo natus de muliere, brevi vivens tempore, repeltur multis miseriis* – de mens, geboren uit de vrouw, weinig tijds levende, is met veel ellenden vervuld. Maar God, die van al zijn werken gezegd heeft dat zij goed waren, *et vidit Deus quia esset bonum*, zou hij wel het edelste, het beste van al zijn schepselen in een zo te bewenen staat geschapen hebben? Neen, zo is de mens niet gekomen uit de handen van zijn Schepper.

Het geloof leert ons dat de mens niet alleen volmaakt in al zijn natuurlijke hoedanigheden op de wereld verschenen is, maar nog van in het begin verheven werd tot een bovennatuurlijke staat, welke hij alleen te danken had aan de goedheid en de milddadigheid van zijn Schepper.

Wat was de staat van de mens vóór zijn val?

Die staat wordt genoemd: "staat van de oorspronkelijke rechtvaardigheid"; en hij bevatte drie soorten van gaven: bovennatuurlijke, buitennatuurlijke en natuurlijke.

1° Die bovennatuurlijke gaven bestonden in de heiligmakende gratie; dat is een gesteltenis der ziel, waardoor zij aangenaam is aan God; waardoor de mens hier op aarde aangenomen wordt als kind van God om later, als erfgenaam, Gods goederen te bezitten. Gij ziet het, die heiligmakende gratie verheft de mens tot een bovennatuurlijke waardigheid.

2° Die oorspronkelijke rechtvaardigheid verschafte ook aan de eerste mens vier voorrechten, die maar eigen zijn en natuurlijk aan de engelen alleen:

a) De rede, het edelste deel, was gans onderworpen aan God en aan de goddelijke Wil; en het vlees, of het minst edel, was gans onderworpen aan het verstand; er bestond dus geen strijd tussen geest en lichaam, gelijk er nu bestaat. Ook zegt de H. Paulus met veel reden: *Video aliam legem in membris meis repugnantem legi mentis meoe* – Ik zie in mijn leden een andere wet, die de wet van mijn gemoed wederstreeft, en zo, gaat de apostel voort, het goede dat ik wil dat doe ik niet, maar het kwade dat ik niet wil, dat doe ik. Nee, de mens gevoelde geen genegenheid tot het kwaad, en geen moeilijkheid om het goed te doen, of in andere woorden gezegd: het kwaad was hem onbekend, het goed deed hij natuurlijk; zodat hij in zijn geweten een gedurige blijdschap genoot, een zoete rust en een ongestoorde vrede. Ziedaar voor het hart en de wil.

b) De mens was daarbij geschapen met volle kennis van alle natuurlijke dingen, hetgeen daaruit blijkt dat Adam een gepaste naam wist te geven aan alle dieren. Ja nog meer, hij had ook kennis van vele bovennatuurlijke dingen; hij had bv. de kennis van God als zijn laatste einde, als beloner van het goed en straffer van het kwaad; hij kende nog de val der engelen alsook, hoewel niet ten volle, het mysterie der Allerheiligste Drievuldigheid en de menswording van Christus. Ziedaar voor de geest.

c) Eindelijk, de eerste mens had van God ook bekomen vrij te zijn van alle ellenden, van ziekten en in het bijzonder onsterfelijk te zijn volgens het lichaam, zodat de dood met geheel haar droevige aanhang hem onbekend was. O! gelukkige staat van het geluk der aarde mogen opklimmen, zonder sterven, tot het geluk des hemels! Dusdanig was de staat van de eerste mens in zijn schepping. Van waar nu het verschil met onze tegenwoordige staat? Gij hebt reeds allen geantwoord met de heilige Paulus: door één mens is de zonde in de wereld gekomen, en door de zonde de dood!

Hoe de mens die voorrechten verloren heeft

God had dus de eerste mens in een plaats van genot gesteld, die wij het aards Paradijs noemen, een plaats van vrede, rust en aangename arbeid. Daar zou hij zijn lange dagen gesleten hebben; en vandaar zou hij, zonder de ziekte of dood gekend te hebben, met ziel en lichaam naar de hemel opgeklommen, en daar voor eeuwig beloond worden. Maar de afgevallen engel, de aartsvijand van het mensdom, deze die de H. Schrift "de moordenaar van in het begin" noemt, kon zonder nijd en afgunst het geluk van de mensen niet zien. Hij zwoer hem dan de ingang van de hemel te beletten, en hem te doen meedelen in zijn ongeluk. Welhaast vond hij er de gelegenheid toe.

De mens, geschapen naar het beeld van God, gelijk gij weet, is begaafd met vrije wil. God heeft het goed en het kwaad in zijn handen gesteld, en de mens kon vrij kiezen; en het is, omdat hij vrij kan kiezen en niet gedwongen is, dat hij loon verdient als hij goed doet, en straf als hij kwaad bedrijft.

Welnu, om Adam en Eva te beproeven, geeft God hun een gebod, of beter, een verbod: "Ziet, zegt Hij, het Paradijs is vol bomen van alle slag; gij moogt van allen gebruik maken, van alle vruchten eten, er is één boom, die van de wetenschap van goed en kwaad, en die alleen u verboden is; van diens vrucht zult gij niet eten, want van de dag dat gij ervan zult gegeten hebben, zult gij de dood sterven."

Ik wil hier in het voorbijgaan u doen inzien hoe ongerijmd zij spreken, die overtreders van de wet der H. Kerk, die vlees en enige andere spijzen verbiedt op vastendagen, als zij zeggen dat God geen spijzen verbiedt, en dat alle spijzen goed zijn. Neen, het zijn de spijzen niet, die slecht zijn, maar het is de ongehoorzaamheid die de zonde maakt. Het is alsdan dat de duivel het ogenblik gunstig vindt. En om tot zijn doel te komen, neemt hij bezit van het serpent, en randt eerst de vrouw aan als de krankste zijnde.

Hier hebben wij de geschiedenis van alle dagen, de geschiedenis van alle bekoringen, de geschiedenis van de val van alle zondaars, alsdan uitwendig, nu doorgaans inwendig. Eerst tracht de duivel zich te doen aanhoren; hij biedt zich aan op de weg van Eva... ach! Had zij geweigerd naar hem te luisteren en haar weg voortgegaan, maar zij aanhoort hem! En meent niet dat hij seffens de zonde zal voorstellen... Hij had ze zeker doen vluchten; maar hij wekt de twijfel op! "Waarom?" O! is het niet de taal van zovele mensen? Waarom verbiedt de Kerk dat ? Waarom mogen wij de slechte gazetten niet lezen? Waarom dit, waarom dat? Eva had geantwoord: "opdat wij niet sterven zouden." Maar reeds begon zij te twijfelen aan het Woord Gods, en de duivel, dit ziende, antwoordt met stoutmoedigheid: gij zult geenszins sterven; en hij vreest niet God te lasteren, alsof Deze bekwaam ware van lage afgunst: "God weet, zegt hij haar, dat gij alles zult kennen en zijn gelijk goden." Daar is reeds de hovaardigheid. En de ellendige, meer geloof gevende aan de woorden van de bedrieger, dan aan die van de eeuwige Waarheid, heft haar ogen tot de boom, zij aanziet, bewondert de vrucht... en overwonnen door de begeerlijkheid en de nieuwsgierigheid plukt zij... eet... en doet haar man meedelen aan haar ongehoorzaamheid!

Welke zijn de gevolgen van die val?

Ah, hoe zijn zij teleurgesteld! Ja, hun ogen gaan open, maar het is om te zien de diepte van de afgrond, in welke zij gevallen zijn! Het is gedaan met de gelukkige staat van rechtvaardigheid! Het beeld van God is geschonden! Heiligheid, zuiverheid, rechtvaardigheid zijn verdwenen! Het vlees staat op tegen de geest, de duisternissen vervangen de klare wetenschap van alle dingen; schaamte en vrees bevangen hen en zij gaan zich onder het lover versteken, alsof zij zich vóór de alziende ogen van God konden verbergen!

1° Het is de slang, of beter, de duivel, die God eerst aanspreekt: "Wees vervloekt, gij hels serpent! Vijandschap zal ik stellen tussen u en de vrouw, tussen uw nakomelingschap en het hare, zij zal uw kop verpletteren." Ziedaar de eerste belofte van een Verlosser.

2° Dan is het de beurt van de vrouw: “Ik zal uw ellenden vermenigvuldigen; met smart zult ge uw kinderen baren; gij zult onder het bedwang zijn van uw man, en hij zal over u heerschappij hebben.”

3° Eindelijk moet de man, de grootste plichtige tevoorschijn komen: “Vermits gij geluisterd hebt, sprak God, naar de stem van uw vrouw en van de vrucht gegeten hebt welke ik u verboden had, zo zij de aarde om uwentwil vervloekt; met arbeid zult gij van dezelve uwe nooddruft nemen al de dagen van uw leven; distels en doornen zal zij voortbrengen; in het zweet uws aanschijns zult gij uw brood eten, totdat gij wederkeert tot de aarde, waaruit gij getrokken zijt.”

Alsdan joeg God zijn ontrouwe schepselen uit het aards Paradijs en stelde aan de ingang een engel, opdat niemand het ooit zou binnentreden. Daar is de oorzaak en de uitlegging van al de ellenden die de droevige wereld overstromen. Door de schikking Gods, moest Adam handelen als stamvader van gans het menselijk geslacht, en van zijn handelswijze hing het bezit of de beroving van de boven- en buitennatuurlijke giften af, voor al zijn nakomelingen. En die schikking van God was niets anders dan rechtvaardig, omdat er sprake was van goederen die ons hoegenaamd niet verschuldigd waren, en waarover God vrij mocht beschikken. Zo bleven wij voor eeuwig ongelukkig, ware de strenge rechtvaardigheid des Heren niet ontwapend geweest door zijn oneindige Barmhartigheid, die Hem bewogen heeft zijn eigen Zoon op de aarde te zenden, onze natuur te doen aannemen en door zijn dood, ons van de eeuwige dood af te kopen. Het is dat troostend en verheven mysterie, dat wij belijden in het tweede deel van het symbolum. Amen.

Bronvermelding:

Foto's:

Cover: Schedel Australopithecus: Yiselaat (Wikimedia commons, CC BY-SA 4.0); Univerum: Blirk.net; Teilhard de Chardin: Archief van de Franse Jezuïeten (Wikimedia commons, CC BY-SA 3.0); Hand van God – Pixabay (publ. domein); - *Ontwerp Cover: M. Dekee*

Binnen: Teilhard de Chardin: Archief Franse Jezuïeten (Wikimedia commons, CC BY-SA 3.0); Tijdschaal evolutie: M. Garde (CC BY-SA 3.0), Clipartpanda (publiek domein); Adam & Eva: Prentencatechismus, 1901.

Literatuur:

Humanae Generis: https://www.rkdocumenten.nl/rkdocs/index.php?mi=600&doc=470&highlight=humani+generis

Concilie van Trente; 5e Zitting - Decreet over de erfzonde: https://www.rkdocumenten.nl/rkdocs/index.php?mi=600&doc=667

Catechismus van de Katholieke Kerk – de geloofsbelijdenis: https://www.rkdocumenten.nl/rkdocs/index.php?mi=600&doc=1&id=1050

Waarom menselijke evolutie nooit een onderdeel van de Geloofsleer kan worden: http://theotokos.org.uk/pages/creation/cbutel/humanevo.html

Vaticanum II architect Teilhard de Chardin: https://onepeterfive.com/teilhard-chardin-vii-architect/

Teilhard de Chardin: een aartsketter, door Mgr. Vincent Foy: https://msgrfoy.com/2014/01/03/teilhard-de-chardin-arch-heretic-by-monsignor-vincent-foy/

Teilhard de Chardin, de valse profeet van een nieuw christendom: http://kolbecenter.org/teilhard-de-chardin-false-prophet-of-a-new-christianity/

Adam en Eva in de geschriften van de mystieke heiligen en doctors van de Kerk: http://kolbecenter.org/adam-and-eve-writings-mystical-saints-doctors-church/

Over Teilhard De Chardin: http://www.salvemariaregina.info/Reference/Chardin.html

De Stad van God: https://www.theworkofgod.org/Virgin_Mary/mary.asp?page=12

Sermoenen van Kannunik d'Hoop, Pastoor-Deken van O.L.V. (St-Pieters) Gent; Verzameld en bewerkt door R. De Steur, onderpastoor van O.L.Vrouw (St. Pieters), Gent, A. Siffer, Drukker, 1900 – Imprimatuur: Mgr. Antonius, bisschop van Gent, 1900

Brentano C., De Geheimen van het Oud Verbond, naar de visioenen van A.K. Emmerick, uitgave van de "vrienden van A.K.E.", Mechelen, 1985

AGREDA Maria, Het leven van de Allerheiligste Maagd Maria, Nederlandse bewerking door P.W.M.H. Schrijnen, 1961

Catechismus van de Katholieke Kerk, LICAP, 1992

www.ingramcontent.com/pod-product-compliance
Ingram Content Group UK Ltd.
Pitfield, Milton Keynes, MK11 3LW, UK
UKHW020418250726
13967UKWH00007B/2706